그늘의 편애

그늘의 편애

김용선 수필집

고두미

작가의 말

오래 신어서 길들인 고무신처럼 버리지 못하는 정情이 있다.

평생 써서 지워진 지문처럼 닳아도 버릴 수 없는 결이 있다.

정과 결을 결어서 광목 한 필 얻고 싶다.

짜고 나면 설피고 성글어

머리맡에 두어도 발치께로 밀려난다.

2023년 미틈달
김용선

그늘의 편애 | 차례

제1부 물고기가 풍덩

13 _ 흙의 결단
17 _ 고려인의 푸른 꽃
21 _ 그대로 멈춘, 멋
25 _ 긴 목에 끌리다
29 _ 물고기가 풍덩
33 _ 달을 건너, 달을 품은
37 _ 딱딱하고 차가운
42 _ 사기장의 공방
46 _ 물꽃을 만나다
50 _ 천년을 덮다

제2부 흔들리는 거울

57 _ 봄 향기 띄워 놓고
61 _ 오래된 문을 열면

찻잔에 흐르는 사계, 가을 __ 65
찻잔에 흐르는 사계, 겨울 __ 67
찻잔에 흐르는 사계, 봄 __ 69
찻잔에 흐르는 사계, 여름 __ 72
처지와 경지 __ 75
치자꽃 차회 __ 79
포르스름, 천년 향 __ 83
흔들리는 거울 __ 87

제3부 그늘의 편애

나무에 들다 __ 93
그늘의 편애, 이끼 __ 97
구름 이야기, 찝질한 그리움 __ 101
느티나무에 기대 보면 __ 105
땅 씻는 일 __ 109
ㄹ과 ㅁ __ 111

115 _ 비에게 맞다
119 _ 소리 수집
123 _ 오월의 배후
127 _ 겨울비 안개 속에

제4부 머뭇거리는 종소리

133 _ 돌아온 해와 달
137 _ 머뭇거리는 종소리
142 _ 목련꽃으로 핀 당신께
147 _ 물 위에 핀 경회루
151 _ 뭍에 세운 돛대
156 _ 빛이 걷는 길
160 _ 시원을 찾다
164 _ 옥을 모은 집
168 _ 저수지 가는 길
172 _ 천년의 골격

제5부 나뭇가지에서 나는 소리

난蘭, 넌 _ 179
거장의 시선 _ 183
고귀함의 의미 _ 188
마른 몸에 우러르는, 강대나무 _ 193
병인 양 금인 양 _ 197
안심을 처방받다 _ 201
오래된 숲길에서 _ 205
기운을 그리다 _ 209
함초롬 뒤끝 _ 213
나뭇가지에서 나는 소리 _ 217

제1부

물고기가 풍덩

분청사기에 풍덩 뛰어든 물고기의 능청스런 만담에
빙그레 절로 웃음이 나온다.
생김은 분명 물고기인데
무슨 물고기인지 알 수가 없다.

흙의 결단

 무뚝뚝한 흙이 물을 마신다. 표정도 인정도 없는 마른 흙의 눈매가 촉촉해진다. 뻣뻣하고 푸석하던 흙이 말랑말랑 이야기를 시작한다. 이야기를 들어주는 맘 맞는 도공의 손과 만나면 하룻밤에 아라비안나이트쯤이야 능히 수십 권 아니 수백 권도 써 내려갈 수 있다.

 흙은 물을 머금어 몸을 낮추고, 촘촘한 체를 통과하며 자신이 혼자서는 아무것도 할 수 없는 미약한 존재임을 깨닫는다. 그런 흙의 마음을 헤아려 도공은 수굿해진 흙을 발로 밟아 품고 있던 허영과 망상을 지워 준다. 밟고 또 밟고 현기증이 날 때쯤, 도공의 옷은 흠뻑 땀에 젖는다. 마지막 남은 응어리와 미세한 기포까지 모두 빼내기 위해 내리치고 주무르기를 반복한다. 전력을 쏟은 도공이 파김치가 될 무렵, 흙은 도공의 맘에 쏙 드는 태토胎土로 거듭 태어난다. 차진 태토는 보잘것없는 자신을 이기고, 거르고, 다듬어서 환골탈태換骨奪胎 시켜준 도공의 심장이 되어 천길 불속도 마다치 않으리라 다짐한다.

흙은 여성이요, 어머니다. 모든 생명의 근원이요, 출발이다. 그 흙에서 출발했기에 태토를 '질'이라 한다. 질은 생명을 잉태하기 위한 자궁과 외부를 연결하는 통로이며 태아가 나오는 길이다. 태토를 통하여 그릇은 쓰임을 위한 생명을 얻는다. 만물의 바탕인 질質이나 생명을 잉태하는 질膣이나 근본은 같다. 인간도 하나님이 흙으로 빚어 생기를 불어넣음으로써 시작되었다는 성경 말씀이 있고, 최초의 로봇 골렘Golem도 진흙으로 빚어서 만들었다고 유대 신화는 전한다.

태토에 숨결을 잉태하기 위한 도공의 치열한 작업은 물레를 돌리는 일부터 출발한다. 흙을 차지게 밟던 도공의 발바닥이 물레의 둥근 하대를 돌린다. 때로는 힘차게, 때로는 부드럽게 가속과 서행이 병행하며 돌다가 멈추기를 거듭한다. 태토는 중심축이 되어 도공과 한 몸으로 돌고 돈다. 남극과 북극을 축으로 회전하는 지구의 자전처럼. 돌면서 생명을 품고, 창조를 낳는다.

태토는 도공의 숨길이다. 높은 꿈을 가져라 끌어올리면 우뚝 산봉우리로 서고, 욕심을 버리고 속을 비우라 하면 텅 빈 항아리가 된다. 어루만지는 손길이 누긋하면 두툼한 그릇이 되고, 박하게 눌러주면 모양 또한 돔바르다. 낮아져라 접시가 되고, 깊어져라 주병이 된다. 굽을 세우라 차 사발이 되고, 손 안에 들라 하면 찻잔이 된다. 손과 태토가 만나 쓰다듬고 어루만져 빚어지는 세상은 다정다감, 무궁무진하다. 천지간에 하나 뿐인 창조물, 도공이 보기에 좋았더라.

　물레 위에서 태토는 저만의 생명을 가진 꼴과 테를 갖추고, 몸속의 습기를 날린다. 바짝 마르기 전에 몸매를 다듬어 주는 일 또한 빠트리지 말아야 한다. 마지막 한 점 습기까지 제거하고 900도 불길과 만나 몸을 불사른다. 자르르 윤나는 도자기의 생을 살아가려면 이 정도 불길은 이제 시작일 뿐이다. 태우고도 남아 있는 응어리는 잿물에 씻으리라, 유약 통에 풍덩 뛰어들어 시유施釉의 통과의례를 거친다. 마지막으로 1300도 고온의 온도에 유약이 서서히 녹아 흘러내리기를 기다려 바야흐로 긴 여정을 마무리한다. 도자기로 거듭 나는 길은 지난하고도 뜨겁고, 정성스럽고도 기나긴 기다림의 여정이다.

　태토는 불과 물을 만나 도공의 손끝에 순응한다.
　위험하리만치 맑고 순결한 백자로 태어나기도, 하늘빛 내려앉은 비색 청자로 태어나기도, 자연을 그대로 품은 소박한 분청사기로 태어나기도 한다.
　백자는 태토 위에 투명한 유약을 입혀 눈처럼 깨끗하고 담백한 아름다움을 지닌다. 백자는 다시 순수무구한 여백의 미를 대표하는 조선 백자와 순백한 표면이 청색의 코발트 안료를 만난 청화백자로 거듭난다. 또한 철사로 무늬를 넣은 철화백자는 세련된 그림부터 자유분방하고 해학적인 그림으로 한국적인 정취가 물씬 풍긴다. 흰 바탕에 산화동酸化銅으로 그림을 그려 붉은 색을 내는 진사백자가 되기도 한다. 환원염으로 불꽃을 조절하면 비췻빛 고려청자로 탄생하기도 하고, 백토로 분을 바르고 귀얄, 상감, 박지, 철화 등 다양한 기법을 통해 담대하고 질박한 멋을 지닌 분청사기로 태어나기도 한다.

흙은 고단하고 긴 여정을 순응과 인내로 일관한다.

잿물에 몸을 씻어 나를 버리고, '연식이위기 당기무유기지용埏埴以爲器 當其無有器之用' 노자의 도덕경 '비워둔 공간에 담길 기적'을 꿈꾸며 1300도 불길을 맨몸으로 건넌다.

깨진다는 전제를 두려워하지 않는 흙의 결단을 나는 흠모한다.

고려인의 푸른 꽃

푸른 하늘의 지극한 고요다.
옥에서 뽑아낸 간절한 푸름이다.
수정에 스민 깊디깊은 맑음이다.

나는 이 투명한 고려청자의 비색과 마주하면 사무침의 농도에 매료된다. 천년의 시간을 머금고도 갓 태어난 맑은 빛이다. 어둠 속에서 만나는 파르스름한 몸체는 하늘빛이라 하기엔 하늘 너머의 빛이요, 물빛이라 하기엔 바다 그 아래의 빛이다. 하늘이 내려와 물에 잠기고, 물속 돌 빛이 포개지며 빚어낸 절색이다. 깨질 듯 맑아서 슬프고, 눈부시게 아련해서 보고 있어도 그리운 빛이다.

어둠이 깔린 전시장에 흐르는 잔잔한 물소리 음악이 태고의 신비 속으로 걸음을 이끈다. 국립중앙박물관 청자 전시실 심연의 바다 속으로 미끄러지듯 빨려 들어간다. 해저에 묻힌 듯 비췻빛 자태가 저마다 꽃으로 피어난다.

　쏟아지는 비에 몸을 씻은 청초한 파초 잎에 두꺼비 한 마리 앉아 있다. 비 그친 물가에 새들이 지저귀고 날아든 왜가리들이 신선의 여유를 만끽한다. 풍경이 보이는 창 아래 상감청자 조각편이 가지런히 진열되어 있다. 창문은 빛이 만든 무늬로 찬란하다. 자세히 들여다보니 창에 비친 영상은 조각편에 새겨진 문양의 실루엣이다. 조각편을 이어 붙이자 생생한 정물이 되살아난다.

　둥근 향로 뚜껑은 칠보 무늬가 투각으로 정교하다. 원과 원이 손을 잡고 그 사이 사이를 도려내고 뚫어 향의 길을 내 놓았다. 아래로는 잎맥까지 선명한 꽃잎을 한 장 한 장 둘러 붙여 한 송이 꽃이 피고 있다. 위아래 2단으로 꽃잎 끝이 들려 있어 입체적으로 막 피어오르는 듯 생생하다. 천년을 지지 않고 피어 있는 꽃. 절색의 꽃 한 송이를 위해 장인의 손에는 수많은 고뇌의 꽃이 피었으리라. 국보 제95호 청자 투각 칠보 무늬 향로를 받치고 있는 것은 앙증맞은 체구의 토끼 세 마리다. 초롱초롱 눈망울을 굴리며 작은 몸집으로 떠받치고 있는 향로는 불안하기는커녕 균형과 절제의 조화가 탄탄하고 당당하다. 균형과 절제의 조화가 탄탄하다. 향 하나를 사르기 위해 향로에 바친 열정과 미적 감각이 향 내음보다 진하게 전해진다. 국가 의례와 종교의식을 떠나서도 여가를 즐기며 물아일체의 경계를 넘나드는 향 문화에

대한 애정이 고스란히 느껴진다. 쓰임에서뿐 아니라 음각과 양각, 투각의 섬세함에 마음을 빼앗긴다. 거기에 상감기법으로 새기고 메우고 긁어낸 정성이 고스란히 들어 있다. 꽃잎을 덧붙인 첩화 기법까지 고려청자 기술이 총 집합한 청자의 진수다. 붓끝으로 그리기도 어려운 모습이 흙에서 손끝으로 태어나 세련된 자태로 고아하다. 태어날 때 지닌 몸빛이 지나온 천년도, 다가올 천년도 그대로 눈부시다.

향기를 피우는 푸른 사자, 국보 제60호 청자 사자 장식 향로다. 입을 살짝 벌려 향을 뿜어낼 길을 열고, 꼬리는 감아서 등에 착 붙이고 한쪽 발을 들어 올려 다부지게 구슬을 잡았다. 향로 위에 올라앉은 사자의 늠름한 자태다. 가만히 들여다보자니 사자는 향로의 정가운데에 있는 것 같지 않다. 뒤태를 보니 확실히 중앙을 빗겨 앉아 있다. 언젠가 경주 양남 주상절리 파도소리 길 해안가에서 만난 물빛이다. 돌빛에 물빛이 포개지고, 그 위로 하늘빛이 겹쳐서 빚어낸 환상의 푸른빛. 물빛인 듯, 하늘빛인 듯, 매료되는 청자의 아름다움 뒤에 감추어진 빗겨감의 의미는 무엇일까. 무심일까, 의도일까, 실수였을까. 사자와 눈을 맞추고 물어봐도 답을 주지 않는다. 포개지는 궁금증과 비색의 황홀함이 긴 그림자로 따라온다.

갸름한 목선과 줄무늬 참외 모양의 우아한 몸통에 나팔꽃 한 송이가 피어난 국보 제94호 고려청자 참외형병이다. 단아한 곡선을 따라 잡힌 균형미와 색감에서 우러나는 고요함이 병속으로 빨려들 것 같다. 참외의 세로줄이 빚어낸 곡선의 우아함이 기품의 절제다. 무엇이든 병에 담기만 하면 푸른 꽃이 피어오를 것 같다. 인종의 시책諡冊과 함께 칠흑의 무덤 속에서 발견된 화병이다. 사람의 사후 세계를 함께 하고도 그 투명하고 형형한 빛을 오롯이 간직하고 있다.

'푸른색 도자기, 청자'라고 부르기에는 너무도 무궁한 빛이다. 녹음은 푸름을 낳고, 푸름은 갓 맑은 비색으로 다시 태어났다. 그 무궁한 빛 속에는 파란波瀾한 장인의 일생과 만장萬丈한 역사의 아픈 질곡이 녹아있다.

250여 점 비췻빛 보물을 만나고 나오니 내 안에도 비췻빛 호수가 고인다. 쏟아지는 봄볕에 부딪히는 윤슬이 청자의 빙렬로 눈부시다.

그대로 멈춘, 멋
덤벙과 귀얄

무심의 경지는 어떤 색일까. 또한 무심의 깊이는 어디까지일까.
동動과 정靜 사이 초연하여 흔들리지 않고 편안하여 조용한 동중정動中靜의 상태다. 나我와 물物이 하나가 되는 물아일여物我一如의 경지다. 그곳엔 어떤 색도 깊이도 없는 텅 빈 마음이다. 텅 비어 가득하고 텅 비어 시비가 없는 초월의 영역이다.

우리의 찻그릇은 그 무심의 경지에서 태어나서 숨을 쉬며 살아 가고 숨을 쉬며 살아갈, 무심을 담은 그릇이다.
말차 한잔을 준비한다.
곱게 분칠하고 광목빛 소색 살결로 다소곳한 덤벙 사발로 할까, 거친 붓 자국이 호기롭고 걸걸한 귀얄문 사발로 할까, 어느 것 하나를 점지하지 못하고 둘 다 차탁에 나란히 놓고 들여다본다.
백토로 우윳빛 옷을 입은 덤벙은 전(입술)에서 어깨로 내려오며 눈

썹 같은 낮달을 띄워 놓는다. 댓잎 하나를 입에 물었다고 할까. 가슴 여민 동정 끝으로 살포시 드러난 여인의 속살이라고 할까. 야릇한 맛이다. 덤벙 찻그릇은 말이 고와 분칠이지 사실 이름처럼 백토 물에 덤벙 담갔다 꺼내 놓은 게 전부다. 담갔다 꺼내는 순발력으로 백토는 흘러내리다 그대로 멈춘다. 그 멈춤의 미학, 날램의 재치, 순간이 빚어내는 절묘한 간극이 초승달로 떴다. 그러나 앉아 있는 품새는 공손하고 단아하다. 나는 그래서 덤벙 찻그릇이 좋다. '덤벙'이란 단어에는 끌어당기는 흡인력이 질펀하다. '농담 반 진담 반'의 자유분방함이 있는가 하면, 선문답으로 대답하는 노승의 초월미를 동시에 만난다. 순식간에 치러 내는 완전무결한 경지다. 초보자가 기울이는 노심초사, 애면글면의 단계는 넘어선 지 오래다. 덤벙 넣었다 꺼내면 완성되는 통달의 경지다. 전부터 깊어져서 배와 허리를 지나 굽까지 타고 내린 선이 몇 번이고 안아보고 싶다. 두 손으로 감싸 쥐면 엄지는 어깨를 감고, 약지는 허리를 감아 품에 쏙 들어온다. 내 어느 연인과 뜨겁지 않고도 오롯한 하나 될 수 있으랴. 차 고임자리에 눈을 맞추며 안고만 있어도 좋다. 오래 품는다.

나무 한 짐 부려놓은 팔뚝으로 휘두른 붓 자국이다. 기운이 넘치나 겉넘지 않는다. 찻사발의 경계 안에서 우주를 한 바퀴 돌았다. 한 번의 붓질은 사발에 길을 내고, 물과 차의 길을 열었다. 계산된 자리, 정확한 선 같은 구속과 규범은 던져버렸다. 즉흥으로 놀리는 붓의 율동이 완숙의 선이요, 결이다. 무뚝뚝하나 툭 내뱉는 말이 진심이듯, 휙 돌리는 붓질이 귀얄의 춤이다. 성기고 퉁명스런 풀비로 일필휘지, 단숨에 용이 승천하고 바다가 출렁한다. 막아서는 것도 멈칫거릴 이유도 없는 호방함, 이 박력이 귀얄의 맛이요, 격이다.

덤벙 분청이 여인의 자태라면 귀얄 분청은 남성의 야성이다. 덤벙 찻그릇은 뜨거운 찻물을 만나면 제 몸의 숨구멍을 통해 물꽃을 피운다. 물이 스민 자리 점점이 떠올라 은하로 흐른다. 제 몸의 빙렬에 스며든 찻물로는 풍경을 그린다. 물꽃이 모이고 균열이 덧칠하는 동안 차심茶心은 깊어져 찻사발도 사람도 연륜을 길들인다.

귀얄 찻그릇을 보고 있으면 싸리비로 싹 쓸어 놓은 시골집 마당이 떠오른다. 엉성한 댑싸리비가 쓱쓱 지나가면 세수한 듯 정갈하던 마당, 소탈한 붓 자국이 그려내는 길을 따라 찻물이 흐르고 이끼빛 싱그런 향이 흐른다.

저절로 된 듯 자연스러움은 숙달과 세련의 절제다. 화려함과 정교함 그 너머에 있는 조선 찻사발의 무심과 여유의 경지다.

우주를 담아 내는 찻그릇은 사람의 몸이다. 그래서 이름도 사람의 신체로 부른다. 그릇은 몸이요, 몸은 그릇이다. 입술(전)이 두툼하다 얇다, 어깨가 떡 벌어졌다 안으로 말렸다 한다. 허리 아래가 홀쭉하다 굽다리가 튼실하다 한다. 품새가 당당하다 쩨쩨하다 한다. 흙에서 나서 흙으로 돌아가는 인간은 도자기의 삶이다. 잘 관리하고 보존하여 오래 장수하기도, 붙이고 수리하여 연명하기도, 한순간에 쨍그렁 생을 마감하기도 한다. 비움과 채움의 선택, 내면의 깊이에 몰입하는 길을 움푹한 가르침으로 일러준다.

무표정한 흙이 무심의 경지에 이른 도공을 만나 공간을 짓는다. 다시 한번 무념무상 불꽃을 만나면 또 다른 무제의 세계가 열린다. 무심하여 텅 빈 자리는 무엇이든 들어와 주인이 된다. 누구를 푸대접하거나 누구를 거부하지도 않는다. 무엇이든 기꺼이 맞아서 깜냥껏 품는다. 부으면 따르고, 넘치면 덜어 내며 시나브로 물들어 간다.

아무것도 담지 않은 우주 두 채를 마주하다 차 마시는 일을 잊었다.

긴 목에 끌리다

하얀 눈밭에서 건져 올린 백옥이다.

청정무구 흰 몸빛은 희다 못해 푸른빛이 감도는 백자 병이다. 결 고운 몸체는 육각으로 모를 내어 면치기 기법으로 매끈하게 다듬어졌다. 아래 배는 불룩하고 목을 길게 뽑은 당당한 품새다. 도톰한 주둥이와 풍만한 몸체가 백자지만 날렵하기보다는 넉넉하고 당차다. 십장생 문양을 전면에 양각으로 볼록하게 새겼을 뿐, 어떤 색도 들어가지 않았다. 순수한 백자의 기품만 고스란히 담았다. 빛에 따라 십장생 문양이 드러났다 이내 모습을 감추는 오묘한 매력이다. 철화나 청화의 또렷한 문양보다 있는 듯 없는 듯 살포시 만나는 맛이라 더 귀하다. 십장생은 우리의 민속신앙과 신선사상에서 유래한 자연숭배 사상으로 원시신앙을 배경으로 한다. 거북, 학, 사슴은 예로부터 가장 장수하는 동물의 상징이다. 소나무와 대나무는 사철 푸른 상록수로 절개와 곧음을 대변한다. 자연의 기본이며, 인간의 수명장수와 상서로움의 표상인 해, 물, 산, 구름, 바위 등의 십장생이 돋을새김으로 은근하고 내밀하다. 아들이 만든 백자 병으로 찻물을 따르다 문득, 목을 타고 흘러내린 유려한 목선이 내 오감을 붙잡는다. 도도하나 매끄럽고, 화려하나 순박한 각선미다. 잘 다듬어진 육각의 모서리가 목 빗근 솟은 근육질로 다부지다. 하얀 병목을 타고 흘러나오는 물이 대나무 홈통을 따라 흐르던 일지암 유천수처럼 청정하다. 주전자 손잡이와는 묵직한 악력부터 다르다. 쭉 뻗은 목선과 풍만한 몸통이 쓰다듬을수록 품에 안긴다. 그 옆으로 눈이 부시게 하얀 화병이 보랏빛 구절초 한 송이를 물고 있다. 밑면이 평평하여 작지만 직립한 자세가 꼿꼿하다. 길게 뽑아 올린 목이 절단한 듯 단정하고 깔끔하다. 꽃을 주인공으로 모시려는 겸손한 태깔 화병은 남편의 작품이다. 아들이 만든 백자 병으로 찻물을 따르고, 남편이 만든 화병에 다화를 즐길 수 있는 특권은 빈자가 누릴 수 있는 나만의 호사다.

무엇을 담고 어느 곳에 있느냐에 따라 백자 병은 술병도 되고, 물병도 된다. 체體와 용用의 관계다. 그러나 그 무엇도 담기지 않을 때, 보는 이의 진정한 소유물이 된다. 아무리 따라 내도 다시 채울 수 있는 충만한 여백의 교감을 마음껏 누릴 수 있기 때문이다. 달이 뜨면 달빛 담고, 그리운 이 눈물 담아 꽃노을에 취하는 날, 가만히 따르리라.

'백자 끈 무늬 병'을 들여다보고 있노라면 거나하게 취해 허리끈 반쯤 푼 느긋함과 도인의 신선함이 아울러 공존한다. 붓으로 철화를 꾹 찍어 병목을 휙 돌아서 둥근 몸체에 슬쩍 걸쳐 놓았다. 끝이 호박덩굴처럼 한번 말린 듯 감긴 여유의 맛이 압권이다. 주둥이는 나팔처럼 벌려 있고 잘록한 목을 타고 내려와 볼록한 배가 당당하다. 탄탄한 몸매에 뽀얀 살결을 하고 끈 하나를 척 돌린 도공의 배짱이 막걸리깨나 하는 분일 듯싶다. 천렵川獵 가는 날 끓일 찻물이거나, 목마름을 달래려는 냉수이리라. 아니면 물로는 성에 안 차 막걸리 그득 채운 술병이면 어떠랴. 늘어뜨린 끈 하나가 상상을 동원하는 운치요, 풍류다. 술병이든 물병이든 안분지족 여유가 출렁하다. 끈을 죽 당겨 목에 걸든, 허리춤에 차고 가든 유유자적 호방한 발걸음을 길에서 만나보고 싶다. 풍류는 찾기 어렵고 풍기만 난분분하다.

조선시대 국보 백자 청화 병은 긴 목선부터 타고 흐른 유려한 곡선미가 동그랗게 배부른 몸체와 어울려 균형 잡힌 몸체다. 목을 쭉 뽑아 올리다 뚝 자른 파격미가 돋보인다. 위로 좁아진 듯 올라간 매끈한 병목이 볼수록 쓰다듬고 싶고 사랑스럽다. 술이 담겨 있다면 병에서 술 따르는 손맛이 술맛 못지않으리라. 병의 아래는 넓고 낮은 굽다리로 편안하다. 유백색 볼록한 몸통에 국화와 난초가 그려지고 벌과 나비가 난다. 기면에 그리지 않고 양각 문양에 색을 입혔다. 철화의 농담으로 국화 잎은 갈색으로, 꽃은 구리로 붉은 색을 묘사했다. 거기에 청화로 난 잎이 간드러졌다. 마치 파스텔 톤의 그림을 보는 듯 담담하고 다채롭다. 벌과 나비를 그린 붓끝이 살아 있다. 기면 위에 곤충 등의 사실화를 그리는 일도 쉽지 않은데 돋을새김을 하고, 그 위에 채색하는 일은 상상만으로도 어려운 일이다. 더구나 녹는 온도가 다른 안료를 한 기물에 그리고 구워 내는 일은 고도의 기술이다. 시각적 표현 기법이 현대적 세련미와 고졸미를 갖추고 있다. 국보로 추앙받는 데는 그만한 이유가 있다. 도자기도 문학도 땀 흘린 디테일이 한 장 한 장 꽃잎이 될 때, 한 송이 작품의 꽃이 향기로울 수 있음이다.

차 한 잔을 우리기 위해 매끈하게 흘러내린 백자 병 긴 목을 살포시 당긴다. 담담하고도 순박한 때깔이 착 감긴다. 나붓한 아랫배에 잉태하고 있는 따스한 온기가 손바닥을 거쳐 가만히 퍼진다. 가는 목선이 토해 내는 찻물의 온도로, 누군가 목 축일 수 있는 한 줄 문장쯤 토해 내고 싶다.

물고기가 풍덩

청자가 쪽물 들인 명주 고름이라면 분청은 감물 들인 무명천이다. 백자가 풀 먹여 다림질한 세모시 저고리라면, 분청은 종아리 둥둥 걷어 올린 농부의 무명옷이다. 청자나 백자가 산책하다 만나는 약수 한잔의 톡 쏘는 맛이라면, 분청은 밭일하던 농부가 탁주 한 사발 들이켜고 소맷등으로 쓱 코밑 훔치는 맛이다. 청자나 백자는 까탈스런 미인처럼 다루기 조심스러운 데가 있고, 분청은 이웃집 아저씨처럼 서글서글 친근한 데가 있다. 청자나 백자가 새벽하늘 별빛 같은 새침함이라면, 분청은 달빛 아래 어른거리는 감나무 그림자처럼 둥글둥글 수더분한 맛이 있다.

분청을 들여다보고 있으면 너무 조심스러워 눈치를 보거나 첫눈에 반해 빠져드는 맛이 아니라 지그시 붙들어 곁에 앉히는 힘이 있다. 처음 만나었도 오래전 알고 있던 사이처럼 편안하여 몇 마디 얘기를 주고받다 보면 슬쩍 어깨라도 기대고 싶어진다. 기대는 나도 받아주는 그쪽도 긴장하거나 어색하지 않고 괜찮냐고 물어보지 않아도 좋은, 그저 담담하고 미더운 그런 사이 말이다.

  청자와 백자의 가교 역할을 하면서도 어느 쪽에도 치우치지 않아, 두 가지 빛과 결을 품은 분청사기의 바탕을 닮고 싶다. 빼어나려 애쓰지 않고도 오래 곁에 남아 길들여진 빛이 되는 사람, 소리 내어 외치지 않고도 조용한 울림이 전해지는 사람, 제 몸빛처럼 뭉근히 삭힌 멋이 향으로 우러나는 사람이고 싶다. 부등호가 입 벌린 쪽으로 부화뇌동하지 않고 저만의 꼴과 색으로 길을 내는 미덕까지. 그러면서도 홍건한 가락과 해학을 넘보기도 한다. 그러나 나는 늘 깨진 파편으로 어느 곳에도 딱 들어맞는 몸체를 만나지 못하고 모서리만 갈고 있다.

  분청사기는 무던한 빛깔에서 뿐만 아니라 추상적이고 익살스러운 해학과 붓끝에서 태어나는 퉁명스런 재치가 그 매력을 더한다. 그 가운데 분청사기에 풍덩 뛰어든 물고기야말로 분청의 바다를 유유자적 헤엄치는 주인공이다. 가만히 들여다보고 있노라면 그림 속 물고기의 능청스런 만담에 빙그레 절로 웃음이 나온다. 생김은 분명 물고기인데 무슨 물고기인지 알 수가 없다. 머리와 아가미는 붕어인데 몸통은 용의 비늘을 닮았고, 지느러미는 상어 지느러미다. 헤엄을 치면서 어떤 놈은 웃고 있고, 어떤 놈은 가다 말고 졸기도 한다. 노래 가락을 뽑는지 흥이 나서 춤사위가 느껴지는 놈도 있다. 물구나무를 서서 묘기를 부리기도 하고, 헤엄은 오른쪽으로 가는데 지느러미는 반대로 가기도 한다. 이 기발한 발상이 작정하지도 계산하지도 않은, 도공의 즉석 작품이라는 것에 나는 힘찬 박수를 치는 것이다. 그 뿐만이 아니다. 어떤 놈은 제가 잡아먹은 물고기들을 뱃속에 고스란히 드러내 보이는 투명 물고기도 있다. 갓 잡은 물고기를 미처 삼키기 전 순간을 포착하여 튀어오를 듯 생생하다. 감추거나 경계하는 것 없이 솔직 담백하게 표현하면서도 넘치는 해학이라니! 분청사기의 피부색과 조화롭게 어울리는 검고 질박한 철화 그림은 그림만으로도 경계를 넘어선 예술의 경지다.

예로부터 물고기는 알을 많이 낳고 떼 지어 다니기를 좋아하여 다산과 풍요의 상징 문양으로 두루 쓰인다. 과거급제와 출세를 염원하는 길상으로 파격의 물고기들이 마음껏 등장한다. 특히 조선 도공들은 분청도자기에서 그 어리숙한 듯 호기 넘치는 필력으로 자유분방한 물고기를 대량 방출했다.

'분청사기 상감파도 물고기 매병'에는 수많은 파도 무늬를 상감으로 새기고 가운데 몸집이 넉넉한 물고기 한 마리가 한가로이 떠 있다. 역시 무슨 고기인지 이름을 알 수 없다. 아가미 아래쪽으로 늘어진 지느러미가 리본을 묶은 듯 애교스럽다. 상감으로 새긴 파도와 비늘의 모양이 도장 찍듯 이어져 단정하다.

분청사기 상감 물고기 연적은 형태부터 정감이 넘친다. 물 나오는 출구와 연적에 새겨진 물고기의 입 모양이 평행을 이루며 묘한 쾌감을 선사한다. 연적을 한 마리 물고기로 형상화하여 손잡이 앞쪽에 흙을 덧붙여 지느러미를 만들었다. 다른 물고기와는 달리 배가 불룩하고 눈이 툭 튀어나왔으니 영락없는 복어라는 걸 알겠다. 복어 입을 통해 나온 물로 먹을 갈아 쓰면 어떤 글씨가 나올까 생각하다 복어 모양 오동통한 글씨체를 떠올리고 혼자 웃는다.

'분청사기 조화파도물고기 무늬 편병'은 병 전체에 백토를 입히고 칼 같은 것으로 긁어서 무늬를 새겼다. 초등학교도 안 들어 간 어린아이가 고불고불 낙서하듯 파도가 출렁인다. 한가운데 물고기는 뒤집힌 채로 헤엄친다. 연꽃 줄기 하나 툭 건드리고 달아나는 물고기의 넉살이라니. 이만하면 상상력의 한계를 뛰어넘어 가히 경지에 오른 게 아닐까. 보고 있으면 어디선가 껄껄 웃는 소리가 들린다. 당시 분청사기에 나타난 추상의 세계는 현대 도예를 능가한다. 추상만큼 관념적인 말도 없지만 추상만큼 감각적이고 자유분방한 세계 또한 드물다. 뭉뚱그려 생각하면 애매한 공상적 세계지만, 보는 이의 생각대로 펼쳐지는 구체적인 상상이 무한 가능하도록 열려 있기도 하다.

상상과 추상이 해학과 재치를 만나 출렁이는 분청의 바다에서 물고기 낚는 맛이라니!

달을 건너, 달을 품은

한지 바른 창살 아래 달빛 은총이 흐른다.
 하늘 위에 달이 뜨고, 그 아래 고아한 또 하나 달이 앉았다. 달을 품어 달로 뜬 달항아리다. 이지러진 듯, 어긋난 듯, 그러나 오롯한 달을 품었다. 평생을 단아하게 빗어 올린 쪽진 머리로 치마폭 다독이시던 어머니의 매무새가 겹치자 사무치는 그리움이 몰려온다. 달항아리 뒤로 꽃 피는 봄날이 지나고, 진초록 여름과 스산한 가을 건너, 눈 덮인 겨울 풍경이 흐르듯 스쳐간다.
 달을 닮은, 달이 낳은 그림자, 둥글게 그 곁에 한올지게 드리운다.

 여인의 항아리는 아무것도 담을 수 없다고 했다. 몸속 깊이 파고든 병으로 곧 무너지고 말거라고 했다. 몸도 맘도 뼛속까지 금이 가서 더 이상 약으로도 수술로도 손을 쓸 수 없다 했다. 꼬챙이처럼 마른 몸이 업혀서 찾아간 병원에서는 그녀를 내려놓지도 못하게 하고 돌려보냈다. 여인은 어린 두 딸을 남겨 두고 친정으로 보내졌다. 한 생의 끝을 의탁할 곳은 어머니의 보름달 같은 품뿐이었다. 뼈만 남은 몸으로 백지장처럼 여위어 가는 여인에게 남편과 친정 피붙이들이 체념으로 내린 결정이었다. 시집에서나 친정에서나 베풀 수 있는 마지막 연민의 결단이었다. 달맞이꽃이 피는 달빛 아래 삼백 리 길을 어쩌다 들러 들여다보고 가는 남편만이 끊어지지 않은 삶의 달맞이꽃이었다.

열여덟에 시집와서 신혼의 단칸방에 시부모와 배다른 시동생들을 건사하며, 끼니 거리가 모자라 봄이면 쑥으로 죽을 끓여 멀건 물만 마시고 때를 이었다. 하지만 눈에 넣어도 아프지 않은 삼대 독자 첫아들이 야물고 영글게 커가고, 지어미로 살뜰하게 사랑받고 살아가니 더 욕심낼 일도, 누구를 넘보고 탓할 일도 없는 안온한 삶이었다.

잿물로 녹여도 풀리지 않을 응어리가 명치에 걸리고, 살아가는 일은 하루하루가 쌀뜨물처럼 멀겋게 고였다 떠내려가곤 했다. 나날이 그믐달을 향해 기울어지는 자신을 바라볼 뿐이었다. 해 뜨면 대문 앞에서 해가 지도록 어미 오기를 기다리고 앉아 있다는 어린 두 딸을 떠올리며 살아야겠다고 안간힘을 쓰다가 무너지기를 반복했다. 모든 게 당신의 죄인 양 지극정성으로 거두는 노모를 생각해서라도 추스르고 일어나 아이들 곁으로 가고 싶었다. 살아야겠다는 열망은 상처처럼 불그스름하다가, 이내 침침한 월식으로 바닥까지 가라앉았다.

여인의 병은 예견된 골병이었다. 쥐면 꺼질까 불면 날까 애지중지하던 삼대 독자 아들을 친정에 가서 잃었다. 체기를 내리려 처방한 민간요법 약초가 과했다 한다. 눈을 떠도 눈을 감아도 눈에 밟히는 7살 아들을 어찌 잊으랴. 삼대를 노심초사한 시어머니의 한을 어찌 감당하랴. 무심한 척 속으로 사이는 남편을 마주하기는 또 얼마나 안쓰러우랴. '이번만은 제발' 간구하건만 연거푸 두 딸을 낳는 동안 여인의 가슴은 바람 든 무처럼 구멍이 뚫렸다. 한여름에도 그 구멍 사이로 찬바람이 드나들었다. 딸자식도 금이야 옥이야 귀애하는 남편을 보며 여인의 가슴 한쪽은 늘 무너진 달이었다.

마음이 몸을 지배한다고 했거늘 몸은 가누기조차 힘겨워지고, 곡기만 들어가도 도로 넘어오는 지경에 이르렀다. 이제 때가 왔음을 감지했고, 산 사람이 마지막 원이나 없자고 기댈 수단은 의사의 처분에 따르는 일뿐이었다.

"달거리는 언제 하셨나요? 임신입니다."
의사는 진맥을 하면서도 고개를 연신 갸웃거렸다.
"기적입니다. 이 봄에 임신이라는 건 기적도 이런 기적은 처음입니다. 그러나 안타깝게도 아이를 낳을 수는 없습니다. 이대로 있으면 아이도 산모도 모두 위험천만입니다."

지성이 지극하면 돌에도 꽃이 핀다 했던가.

들었어도 못 믿을 말, 믿을 수 없어도 다시 듣고 싶은 말, 임신이라니요.

여인은 달거리마저 언제 했는지 기억조차 달무리로 뿌옇다.
여인의 작은 소沼에 비친 희미한 달빛은 애원보다 간절했다. 아이만 무사하게 해달라고 매달리는 기도는 하루하루 달빛이 포개지며 부풀기 시작했다. 절박한 소원의 끝은 애달프기가 달빛 같아 숨소리를 키워갔다. 밤이면 북두로 은하를 퍼 올리고, 낮이면 햇살을 길어 항아리에 퍼 담았다. 감천에 기대기 전에 지성으로 홀로 섰다. 하늘이 듣지 못할지라도, 하늘에 닿지 못할지라도 열 달의 항아리를 까치발로 채웠다.
여인은 실낱같은 몸에 우주만 한 달을 안고 달을 건넜다. 생과 사를 포개고 천 길 불길을 건넜다. 터진 모서리를 문지르며 달빛 나이테 한 올 한 올 맥을 짚어 온전한 달 항아리를 빚어 냈다.
시월의 달빛이 홍건한 날, 광산 김씨 39대손 금줄에 붉은 고추가 걸렸다.
기여도 가담도 한 일 없는 나는, 삼대 독자 남동생을 둔 귀한 딸이 되었다.

딱딱하고 차가운

딱딱하고 차가운 의자는 사유를 맑게 한다. 폭신하고 등 따신 의자는 병든 닭의 졸음터다. 그래서 나는 신영복의 『감옥으로부터의 사색』을 삶이 졸릴 때 의자로 삼는다. 그 의자에 앉으면 흐릿한 분별이 선명해진다. 나는 사상이나 정치적 배경에는 관심 밖이며 오로지 탁한 삶의 바다에서 냉철한 통찰을 통해 맑은 기운을 건져 올리고 싶을 뿐이다. 잘 말려서 공책에 넣어 놓은 문장들은 필요할 때 꺼내서 꼭꼭 씹어 먹는다. 때로는 생으로, 때로는 무치거나 끓이기도 해서.

'불행은 대개 행복보다 오래 계속된다는 점에서 고통스러울 뿐이다. 행복도 불행만큼 오래 지속된다면 그것 역시 고통이 아닐 수 없을 것이다.'

행복이라고 느끼는 순간은 늘 찰나이다. 아마 행복이 무한정 길고,

무제한 크다면 행복이라는 예쁘고 깜찍한 그릇에 담지 못할 것이다. 반짝 찾아오는 것, 그래서 행복이 빛나는가보다. 불행에서 행복으로 가는 길에 다행이라는 계단이 있다는 건 참 천만다행이다.

'참으로 신비로운 것은 그렇게 침통한 슬픔이 지극히 사소한 기쁨에 의하여 위로가 된다는 사실이다. 큰 슬픔이 인내되고 극복되기 위해서 반드시 동일한 크기의 기쁨이 필요한 것은 아니다.'

풀이 햇빛 쪽으로 고개를 향하듯 인간은 슬픔이 폭포처럼 쏟아질 때 따스한 위로 한 줄기로 작은 물길을 낸다. 그 길을 따라 결국 큰물과 만난다. 갑작스런 사고로 한쪽 다리를 포기하라는 진단을 받았을 때, 나는 또 다른 한쪽 다리가 남아 있다는 위로의 물길을 찾는다. 절망 속에서도 온기 있는 쪽으로 더듬어 찾은 스스로의 인내와 위안이 결국 극복이라는 바다에 이르는 시원이 되어 주었다. 두 다리로 걷는다는 지극히 당연한 슬픔이 극복되는데 어마어마한 기쁨이 요구되지는 않았다. 작고 단단한 믿음이 필요했을 뿐이다.

'성공에 의해서는 대개 그 지위가 커지고, 실패에 의해서는 자주 그 사람이 커진다는 역설을 믿고 싶다.'

우리는 모두 성공을 축복이라 믿으며 실패를 파멸이라 치부한다. 성공으로 가는 길에 내가 누군가의 발을 밟거나 부딪혀서 쓰러지는 사람 따위는 문제 삼지 않는다. 어쩌면 그런 일은 걸림돌이요, 장애물이라고 무시하는 용맹(?)을 큰 인물의 자격쯤으로 여긴다. 지위가 커지는 일과 사람이 커지는 일 중에 선택권이 주어진다면, 지위를 택하는 이들이 더 많을 거라는 현실이 이 문장을 곱씹는 이유다.

'같은 값이면 다홍치마라 하겠지만 요즘 세상에는 같은 가격이면 그 염료만큼 천이 나쁜 차이가 십상이다.'

결혼을 앞둔 동생에게 전하는 선생의 말이다. 요즈음 배우자를 고르는 기준은 외모의 빼어남과 경제력의 척도가 그 첫 번째로 보인다. 화려한 겉모습과 풍선처럼 불어 있는 부의 실체가 인간의 내면과 비례하는지 사람을 보는 건강한 안목이 건강한 인간관계의 척도라 생각한다.

'세상의 슬픔에 자기의 슬픔 하나를 보태기보다는 자기의 슬픔을 타인들이 수많은 비참함의 한 조각으로 생각하는 겸허함을 배운다.'

사람은 누구나 제가 겪은 슬픔의 무게를 가장 큰 고통으로 믿는다.

자신의 슬픔은 슬픔을 싸고 있는 껍데기와 속껍질, 슬픔의 안쪽을 속속들이 알고 있기 때문일 것이다. 나의 슬픔을 비통함의 시작이며 끝이라고 한탄할 일이 아니라 많은 비참하고 비통한 일 중에 하나라고 받아들이는 순간 슬픔의 원색은 파스텔 톤을 거쳐 퇴색하리라.

'하늘의 비행기가 속력에 의해서 떠 있음에서 알 수 있듯이 생활에 속력이 없으면 생활의 제 측면이 일관되게 정돈될 수 없음은 물론, 자신의 역량마저 금방 풍화되어 무력해지는 법이다.'

일과 집안 살림을 병행하는 나로서는 퇴근하면 업무만 바뀐 또 다른 일터로 출근한다. 집안일은 지시하는 이 없으나 주어진 과업이 늘 대기 중이다. 김치라도 담그는 날은 다듬고 절이는 절차를 거쳐 마무리하고 나면 새벽이 되기 일쑤다. 살아오는 동안 무한 반복되는 일이 벗어버리고 싶은 덕석 같은 일이라면 못 했으리라. '생활에 속력' 덕분이다. 그 속력을 유지하면 탄력이 덤으로 따라 붙는다. 그 생활의 속력과 탄력은 풍화되지 않고, 나의 일과 가정을 정돈되게 관리하는 방편이며 무기다.

'어느 개인이 자기의 언어를 얻고 자기의 작풍을 얻기 위해서는 오랜 방황과 표류의 역경을 겪지 않을 수 없는 것이라 하더라도 방황 그 자체가 이것을 성취시켜 주는 것이 아니며, 방황의

길이가 성취의 높이로 나타나는 것도 아니다.'

나는 찬물을 뒤집어쓴 듯 정신이 번쩍 났다. 타인의 글에서 느끼는 부족함이나 아쉬움을 핑계 삼아 나만의 문체와 색깔을 찾는답시고 허송세월하고 있는 터였다. 안주의 게으름을 방황의 고뇌로 포장한 나 자신을 다그치며 탁마의 노력만이 성취의 높이임을 깨닫는다.

들여다보면 깊어지는 내면은 어디까지가 임계점일까.
기한 없음의 갇힌 공간에서 관조의 거울을 꺼내 들 수 있는 기개를 나는 우러른다. 속박 가운데 내밀한 자기 통제와 정돈된 사유가 낳은 절제된 언어가 살아서 꿈틀댄다. 숙연하다 뭉클하고, 뭉클하다 또렷해진다.

사기장의 공방

 국립중앙박물관이 조선 분청사기와 백자의 역사를 통합하여 새로운 공간으로 개편되었다. 개인적으로 남다른 기쁨과 기대를 안고 3층 '분청사기·백자실'을 들어선다. 칸막이가 되어 있는 벽 쪽이 올해 새로 조성된 '사기장의 공방'이다. 국가무형문화재 이수자가 된 아들의 영상물이 상영되고 있는 곳이다. 좋은 건 아껴 두었다 먹는 심정일까 맨 먼저 가보고 싶은 마음을 지그시 눌러 기대를 한껏 부풀리며 차례대로 전시실을 감상한다.
 제1부 '조선의 건국과 새로운 도자 문화', 제2부 '관요 설치 이후 조선 도자기', 제3부 '백자로 꽃피운 도자 문화', 제4부 '조선 백자의 대중화와 마지막 여정'이라는 과정으로 체계적인 전시 구도가 전개된다. 새롭게 단장하면서 우리 도자기가 지닌 한국적인 자연미를 살리고, 현대인을 위한 휴식과 감상의 공간으로 디자인했다는 기획의도를 듣고 보니 곳곳에 세심한 배려가 느껴진다. 국보 6점과 보물 5점

등 400여 점을 전시하여 조선시대를 대표하는 도자기인 분청사기와 백자가 시작되고 변화하는 과정을 보여준다. 조선시대 도자기 500여 년의 역사적 흐름과 문화상을 예술적 감성으로 접근할 수 있도록 다양하게 전시되었다. 조선 15세기~16세기 중엽까지 분청사기와 백자가 함께 사용되다가 국영 도자기 제작소인 관요官窯 체제가 확립되면서 백자가 조선 최고의 자기가 된다. 그런 사회·경제적 변화에 따라 도자기의 형태와 기법이 조선인의 삶에 그대로 닿아 있음을 확인할 수 있도록 전시가 유도된다.

 맨 먼저 눈길을 사로잡는 국보 제259호 분청사기 상감 인화 구름 용무늬항아리粉靑沙器 象嵌 印花 雲龍文 壺다. 15세기 전반 분청사기의 정수다. 용의 비늘이 살아 움직일 듯 생생하게 상감으로 새겨지고, 인화기법과 구름 무늬가 들어 있는 대형 항아리다. 어깨가 떡 벌어진 당당하고 우람한 형태의 용 그림으로 보아 왕실 의례용이었을 것이다. 우윳빛 고운 살결에 연꽃을 새긴 분청 사발과, 박지기법과 철화 안료를 칠해서 흑백의 조화가 돋보이는 자라병도 정갈하다.

 설제미와 우아한 품격에서 단연 녹보적인 백자실에서 보물 제1437호 백자 달항아리를 만난다. '군자지향'이라 했던가. 조선의 선비가 좋아하며 닮고자 지향했던 꼿꼿하고 맑은 정신세계의 지고한 빛, 조선의 백자다. 조선시대를 대표하여 한국의 멋과 맛을 품은 풍만한 곡선이 단아하게 앉아 있다. 하늘의 보름달이 내려와 지상에 떠 있다. 기우뚱 대칭이 아닌 듯, 그러나 평정을 유지한 편안함이다. 불균형 가운데 단정함을 잃지 않는 당당한 여유요, 의젓함이다. 그 품새에서 우러나는 넉넉하고 후덕한 푸근함이 우리 민족성을 대변하고 있다. 달항아리의 배경이 된 벽면에도 눈 내리는 밤하늘에 둥근 달무리가 솟았다. 청정무구 희디흰 기면에 유약이 스며들어 불과 물의 조화로 탄생한 순수의 결정체다. 얇고 투명한 색으로 배어든 유약과 한 몸이 되어 도자기의 빛이 되었다. 달항아리 아래 조명이 그림자를 그린다. 한 겹 두 겹, 다시 또 한 겹 드리우며 둥근 파문으로 퍼진다. 나도 그림자를 따라 몇 번이고 항아리를 감고 또 감는다. 그만 그림자의 물결 속으로 들어가 도자기 달에 폭 안긴다.

고려청자에 비해 홀대받던 백자가 국보로 지정된 청화죽문각병靑畵竹文角甁이다. 백자로는 보기 드문 팔각이다. 길게 뻗은 목선으로 주둥이는 도톰하다. 불룩하게 부푼 몸통에 높고 넓은 굽으로 균형 잡힌 몸매다. 뽀얀 우윳빛이 도는 흰색 바탕에 밝은 청화로 몸통 아랫부분에 띠를 두르고, 한쪽 면에는 작은 대나무 한 그루가 서 있다. 마주보는 면에는 여러 그루의 대나무를 간결하게 그렸다. 흰 바탕에 푸른 대나무, 조선 선비의 기개가 서려 있다. 그 아래에 음각으로 '우물 정井' 자는 어떤 의미일까. 크기도 크지만 간결한 청화 문양에 투명한 백자유가 곱게 스며들어 색감이 맑고 선명하다. 조선 후기 백자 병의 품격이다.

드디어 도착한 '사기장의 공방'이다. 발 물레를 힘차게 돌려 완성한 사발을 막 떠내는 아들의 모습이 나오고 있다. 얼마 전 공방에서 촬영 제작한 영상을 이곳 중앙박물관 전시장에서 만나니 대견하고 뿌듯하다. 흙을 수비하고 발로 밟아 다지고, 손으로 꼬막을 밀어 태토를 준비하는 과정, 발 물레를 돌려 도자기를 성형하는 과정, 완성된 도자기를 깎고 다듬어 유약 작업을 하는 과정, 분청자기 위에 철화로 그림을 그리고, 상감 기법으로 새기고, 파내고 긁어내는 박지 과정, 도장으로 무늬를 내는 인화 기법 등 일련의 도자기 만드는 과정이 생생하게 상영되고 있다.

영상물을 뚫어져라 집중하던 아이가 갑자기 박수를 치며 환호한다. 6살인 아이는 오늘만 해도 이 영상을 세 번째 보는 거라 한다. 도공의 얼굴이 나오면 박수를 치고 좋아하며 한번 오면 안 가려고 한단다. 매일 오자고 졸라서 아이를 데리고 자주 와서 이 영상을 보고 있다는 말을 들으며, 소중한 희망을 덤으로 만났다. 아이의 반짝이는 눈망울이 조명 아래 빛나는 도자기의 광채처럼 맑다. 훗날 우리 도자 문화를 이어가는 또 하나의 별을 만난 기쁨이 박물관에 올 때와는 또 다른 설렘이다.

물꽃을 만나다

말차

갓 쪄진 시루떡 솥뚜껑을 막 열어젖힌 듯 우암산 자락이 자욱하다. 뿌연 안개 속에 가무스름하게 드러나는 산허리가 하늘 아래 여백에 잠겨 있다. 아슴푸레 피어나는 하늘빛이 꼭 덤벙 찻사발茶碗의 몸빛을 닮았다.

풀 먹인 광목 다포가 짯짯하다. 탈색하지 않은 소색의 소박함이 원목 찻상과 볼 비비듯 다정하다. 그 위로 풀빛 연잎 다포를 반반하게 한 장 더 펼친다. 그 가운데 우웃빛 덤벙 찻사발을 공손히 모신다. 다포가 몸을 내려 찻상과 하나가 되고, 차 자리를 준비하는 찬찬한 손길이 껄끄럽던 마음자리를 바람 없는 수면으로 곱게 문질러 준다. 누구에게도, 무엇에게도 방해받지 않는 나만의 아늑한 움집이 한 채 지어지고, 새집같이 포근한 골방으로 나는 초대된다.

살포시 고개 숙여 휘어진 오죽 차시와 손안으로 쏙 들어오는 분청

차호를 올려놓는다. 두 손으로 하트를 그리듯 동그랗게 오므린 차선茶筅이 자리를 잡는다. 80가닥, 100가닥 실처럼 가늘고 촘촘한 살들이 저보다 더 조밀한 말차의 육신과 만나서 한 몸이 되기까지, 그들은 숨차게 빠르고 힘차게 소용돌이치다 마침내 떨치리라. 격렬한 출렁임은 숨을 가다듬어 우주를 담은 잔잔한 물꽃으로 피어나리라. 유백색 덤벙 찻사발에 연둣빛으로 피어나고, 은빛 거품은 꽃으로 떠올라 은하수로 흐르리라.

차통茶桶을 열자 오월의 초록색 차밭이 고스란히 들어있다. 배릿하고 고소한 녹차 향기를 오롯이 간직한 채, 더없이 부드럽고 고운 자태다. 물결처럼 보드라운 분말을 체에 내리자 물 흐르듯, 바람에 날리듯, 초록의 분말이 사뿐히 내려앉는다.

탕관에 찻물이 구르고 있다. 가만히 물 끓는 소리를 듣고 있노라니 탕관에서 파르르 떨리는 소리가 난다. 이어서 소나기가 쏟아지고 한 무리 말이 달리는 듯 소란하다. 초의 스님은 『다신전茶神傳』에서 여기까지는 모두 맹탕萌湯으로 찻물로 쓰지 않는다고 했다. 어느덧 요동치던 탕관이 소낙비 그친 뒤처럼 고요해진다. 이때가 순숙純熟 또는 결숙結熟이라 하여 찻불로 쓸 수 있는 알맞은 때가 된다.

출근길에 본 안갯빛 속살이 모여 여기 찻그릇으로 앉아 있다. 끝없는 그리움이 빛이 된 색, 간절한 기다림이 응집하여 결이 된 색, 찻상에 깔린 광목 다포와 한결 한맘으로 순박하다. 표백도 탈색도 하지 않은 바탕의 빛이 주는 포근함과 넉넉함이 바라보는 것만으로도 무한

한 위무이고 위안이다. 나는 덤벙 찻그릇을 좋아한다. 그 수수한 빛깔과 차분한 분위기와 고요한 자태가 많은 찻그릇 가운데도 자주 손이 가는 이유다. 고인 듯 단정하고, 당당하나 단아하다. 화려하지 않은 빛깔에 주눅이 들지도 않고, 바탕색이라는 자존심을 앞세워 우쭐거리는 일은 더욱 없다. 새침한 백자도 아니고, 정교한 비색의 청자도 아니다. 질박한 태토로 백자가 되고 싶은 뽀얗고 솔직한 색이다. 은은한 정취를 머금고 찻물로 크고 찻물로 나이 먹어가는 그릇이다. 그릇을 만든 이와 그릇을 익힌 불의 힘으로 태어나 그릇을 쓰는 이가 길들이는 대로 물들어간다. 밥을 담으면 밥 냄새가 나고, 된장국을 담으면 구수한 된장 맛이 나고, 차를 담으면 찻빛을 머금고 익어가는 어울림의 그릇이다.

 익은 물을 따르니 화선지에 먹물 번지듯 사발의 표면에 물 도장이 찍힌다. 화장토와 유약의 틈으로 먼저 스미고 나중 배어들며, 피어나는 농담으로 물이 그리는 향연이다. 찻그릇의 온기와 청결을 위해 부은 탕수가 선사하는 담백한 물무늬의 고졸함을 감상하는 맛 또한, 덤벙 찻그릇이 주는 특별한 멋이다. 차와 오래 할수록 그릇 안쪽 벽면은 어제의 그림 위에 오늘의 찻물이 포개지며, 세상 어디에도 없는 경치가 되고 풍경이 된다. 담담한 정취를 바라보고 있노라면 차 생활이 주는 그윽함이 가슴 밑바닥부터 흥건히 차오른다. 차선을 가지런히 적셔서 부드럽게 다듬어준다. 예열을 마친 찻그릇을 두 손으로 감싸 안으니 내 몸의 온도처럼 마침맞다. 찻그릇과 내가 한 몸이 된다. 안갯빛 찻그릇에 초록의 말차를 덜어내니 화룡점정畵龍點睛으로 영롱하다. 찻그릇의 둘레를 따라 물을 흘리듯 가만히 따른다. 이제 차선과 눈처럼 고운 말차가 하나로 몸을 섞을 차례다. 차선으로 빠르고 유연한 손목의 탄주가 시작된다. 고운 차 가루를 물과 섞어주는 찻솔의 바쁜 움직임이 삭삭삭 경쾌하다. 차선을 칠수록 찻사발 안에는 조밀하고 풍성한 거품 꽃이 피어오른다. 보다 부드러운 차 맛을 내기 위해서 차선을 빠르게 쳐주는 격불擊拂은 입맛에 따라 꼭 필요한 일이다. 나 또한 그 촘촘하고 폭신한 거품의 질감을 즐기기 위해 공을 들인다. 오늘은 좀 더 멋을 내본다. 굵게 올라온 차 거품을 잔잔히 펴주고, 찻사발의 벽면을 한 바퀴 둘러서 한가운데로 차선을 거두어 내니, 별빛 반짝이는 은하수 위로 두둥실, 떠오르는 보름달이라니!

목화솜처럼 폭신한 유화가 피어오른다. 거품을 가만히 빨아들인다.
덤벙 찻사발에 피어오른 꽃 중의 꽃, 물꽃을 마신다. 부풀어 오르던 욕심의 거품이 하나하나 꺼지고, 이 순간의 차심此心은 차심茶心으로 차오른다.

천년을 덖다

 잘 달구어진 무쇠 솥에 물을 튕기자 치지직 소리를 내며 순식간에 수많은 구슬이 몸을 말고 사라진다. 이른 새벽 찻잎에 맺혀 있던 이슬처럼 영롱한 눈동자를 몇 번 굴리더니 흔적 없이 눈을 감는다. 300도 가까이 달아오른 솥에 찻잎 바구니를 쏟자 타닥타닥 찻잎이 몸을 뒤집는다. 거듭 태어날, 또 다른 생명의 시작이다.

 반짝반짝 윤기 흐르던 찻잎은 고온의 화기를 맨몸으로 받으며 일말의 저항도 거역도 없다. 오히려 달아오르는 절정의 고비를 기다리기라도 한 듯 타오르는 열기를 온몸으로 받아들인다. 나무에서 뾰족하던 결기도, 파릇하던 꽃눈도 다 내려놓고 불길이 이끄는 대로 몸을 맡긴다. 쇠가 용광로에서 쇳물이 되고 쟁기가 되기까지, 찻잎은 달구어진 무쇠 솥에서 끊임없이 구르고 굴러 마음 밭을 가는 보습이 되고자 한다. 안으로 감아서 가장 작은 입자가 되기까지, 밖으로 버려서 물기 한 점 남지 않을 때까지 숨 가쁜 고행의 여정에 들었다. 태초에 부여 받은 명命을 순순히 받아서 지순하게 지켜 낸다.

후끈후끈 달아오르는 열기에 연신 땀을 닦아내며, 찻잎을 누르고 뒤집기를 반복한다. 자칫 찻잎이 타버릴세라 손길이 바빠지고 한 순간도 눈을 뗄 수 없다. 높은 온도로 찻잎의 산화 효소를 분해시켜 산화를 막기 위한 과정이다. 달구어진 솥에서 뿜어 내는 찻잎의 진액으로 온 천지가 차향으로 자욱하다. 모공을 통해 들이마신 차의 열기로 붉게 달아오른 얼굴이 갓 태어난 아가의 살결처럼 말랑해진다.

위기일 때 돌아보면 다행과 행복의 요람이던 평탄한 일상이, 때로 무기력한 권태로 이어지는 날이 있다. 싱싱하던 찻잎이 토해 내는 진하고 순진한 화기가 묵은 잡념을 일시에 거둬 간다. 심드렁하던 의기소침도, 까치발로 애를 쓰던 내 위선도 깜냥깜냥 덖는다. 나를 감싸고 있던 단단한 껍질들이 모서리를 허물고 향낭 같은 하루의 속살을 만진다.

'살청殺靑한다'라는 무섬증 느껴지는 말에 비해 '덖는다'는 우리말은 참 맛깔스럽다. '덖는다'는 말 속에는 고소한 차향이 속닥속닥 다정하다. 조금만 방심하면 찻잎을 태우게 되고, 설익으면 풋냄새가 나서 차의 본성을 잃는다. 차의 묘미는 차향을 고스란히 품고 습기를 완전히 제거하는데 있다. 차도 인생도 극도의 뜨거움과 극한의 역경 없이는 도달점에 이를 수 없는 것이다.

적당한 때를 알아차려서 멍석에 쏟아 거풍을 하고 비비기에 들어간다. 손에 힘을 빼고 멍석의 요철무늬를 따라 찻잎을 돌돌 말아 감는

게 관건이다. '유념揉捻'이라는 어려운 말 대신 '비비기'는 또 얼마나 친근한 표현인가. 게으른 사람 빨래하듯 어르고 달래며 비벼 준다. 반복되는 손길을 따라 찻잎은 동그랗게 몸을 말아 제 몸속 깊이 향을 가둔다. 찻잎의 세포막을 파괴시켜 차를 우릴 때 차의 청정한 기운이 오롯이 우러나도록 하기 위함이다. 차를 덖는 사람의 정성과 오감이 총동원될 때, 차를 마시는 사람의 오감도 일깨울 수 있다. 열풍에 달구어진 찻잎은 바람 앞에 몸을 식히고, 파릇한 총기로 타고난 신묘함을 촘촘히 감으리라. 덖음을 반복할수록 깊어지는 차향처럼 나 또한 견디리라. 마르기를 거듭할수록 온전해지는 차의 바탕처럼 가벼워지리라.

찻잎을 식히며 마르기를 기다리는 동안 오던 길을 더듬어본다. 병풍을 두른 듯 지리산 자락이 감아 돌고, 섬진강 물줄기가 굽이쳐 흐른다. 강을 따라 별빛 모래사장이 펼쳐 있고, 강물 위로 솟구쳤다 잠수하는 물고기의 은빛 춤사위가 바쁘다. 지리산이 품어서 섬진강이 길러내는 차밭이 굽이굽이 또 하나의 초록 강물로 흐른다. 초의선사가 『동다송東茶頌』에서 '골짜기와 바위틈에 있는 으뜸 차밭'이라 노래하였고, 가장 오래된 『삼국사기』에도 '지리산 남녘인 화개동천에 차를 재배 하였다'는 기록이 남아 있는 곳이다. 하동 차나무 시배지를 잇는 '천년 차밭 길'은 바람의 숨결 따라 구불구불 향기 가득한 초록의 유토피아다.

참새의 혓바닥처럼 지저귀던 한 바구니의 찻잎이 바스락거리는 한 줌으로 남았다. 이글거리는 화기를 건너서 바람의 깊은 속살을 지나고 이제, 또 다른 물과 불을 만나 현묘한 다신茶神을 온전히 바칠 차례다. 버려야 얻어지는, 흔들리지 않는 진리가 된 사리를 애지중지 차통으로 모신다.

제2부

흔들리는 거울

오래된 화로에 찻물을 끓여
홀로 즐기는 차 한 잔의 운치와 사유는
누구나 할 수 있으나
아무나 즐길 수 없는 멋이요, 경지다.

봄 향기 띄워 놓고

봄비가 내린다.

이 비 그치고 나면 마른 대지는 수런수런 일어나고, 까칠했던 버들가지에는 속잎이 피겠지. 동면하던 장승도 봄비 한잔 마시면 기지개를 켜고 뚜벅뚜벅 걸어 나올 것만 같다. 수척한 나뭇가지 끝에 방울방울 맺힌 물방울이 피어나는 새순처럼 다정하다.

봄비가 메마른 대지에 탄생과 부활의 천수라면, 우리에겐 일상으로 얼룩진 가슴을 씻어주고 혼탁한 머리를 깨워 주는 한잔의 차茶가 있다.

빙허각 이씨의 『규합총서』에 '봄비는 달고 부드러워서 차 끓이고 약 달일 때 쓰면 좋다'고 했으니 산천초목뿐 아니라 인간을 포함한 만물에 있어서 봄비는 생명수요, 감로수다. 봄비 고인 개울가엔 돌미나리 한 뼘쯤 올라오고, 남쪽에는 곡우 전 으뜸으로 치는 자줏빛 찻잎이 일창일기一槍一旗로 나부끼며 꽃보다 눈부시겠지. 계절이 바뀔 때마다 생각도 깊어지지만, 무無의 세계에서 펼쳐지는 봄날은 태초에 한 하늘이 열리듯 신비하기만 하다. 창조의 기쁨과 희망으로 들뜨는 기대가 풍선처럼 부풀어 오르는 것이다.

그러나 아직 봄은 저만치 있다. 산허리에 쌓인 눈을 품고 있는 앞산 그 너머쯤에. 쑥 절편에 기름 바른 듯 촉촉한 포도 위로 앞서가는 자동차 바퀴가 뽀얀 물안개를 뿜어 낸다. 운무로 피어나 지척이 먼 풍경으로 아른거린다. 하얀 매화 꽃잎 흩날리는 꽃비 같다.

다관을 반쯤 열고 코에 가까이하자 그윽한 매화향이 훅 퍼진다. 풋풋하고 상큼하다. 가만히 눈을 감는다. 귀할수록 아껴서 음미하기 전에 통과의례를 거친다. 깊은 숨을 들이마시니 몸 구석구석 실핏줄을 따라 퍼져나가는 향에 취한 몸이 나른해진다. 가만히 눈을 뜬다. 터지는 소리가 들리는 듯 오므리고 있던 꽃잎이 활짝 열린다. 우러난 차를 찻잔에 따르고 입술을 꼭 닫고 있는 매화 한 송이를 찻잔에 띄운다. 온기 가득한 수면 위로 하늘을 선회하는 새처럼 찻잔을 빙 돌아 배시시 입술을 연다. 물이 피운 매화의 만개로 찻잔은 온통 환한 꽃밭이다. 향으로 취하고, 눈으로 즐기고, 입으로 만난다. 한 모금을 입안에 머금으니 아릿한 봄 향기가 톡톡 터져 목을 타고 전율이 된다. 차를 달인다, 우린다, 내린다 할 것도 없이 익은 물을 만나 이다지 눈부신 차 한 잔과 마주할 수 있음이 송구하기까지 하다. 이 황홀경으로 옛 선인들은 이른 봄 벗을 불러 매화와 더불어 봄맞이 차 자리를 만끽했음이리라.

찻상에 놓인 다화가 도도하게 시선을 사로잡는다.

아랫녘을 다녀온 지인이 내 생각이 났다며 꺾어다 준 매화다. 아들이 무유 가마에서 구운 흙빛 화병과 절묘한 조화를 이룬다. 마치 꿈틀거리는 검은 용한 마리가 매화 한 가지를 물고 있는 듯하다. 마른 잔가지에 착 달라붙은 희고 보드라운 꽃잎이 함초롬하다. 정갈하고 맑기가 애처롭고 애잔하다. 그러나 들여다볼수록 꼿꼿한 기상이 느껴진다. 서늘한 눈매와 신선한 기운이 설중매雪中梅의 자태요, 꽃 가운데 우두머리 화괴花魁의 기품이다.

> 오동나무는 천년이 지나도 항상 그 곡조를 간직하고
> 매화는 일생을 춥게 살아도 그 향기를 팔지 않는다.
> 달은 천 번 이지러져도 그 본질이 남아 있고
> 버드나무는 백번 꺾여도 새 가지가 올라온다.

봄 향기를 띄워 놓고 신흠 선생의 시를 한 수 음미해 본다.

사위가 조용하고 마음이 평온해지자 매화는 제 향기를 아낌없이 내어준다. 들뜨고 어수선할 때는 인색하다가 오롯이 매화와 단둘이 될 때, 찻잔에 매화가 피어나듯 향도 따라 만개한다. 그리고 고요히 스며들며 퍼진다. 종소리 여운처럼. 혹한을 뚫고 피어난 매화이기에 퇴계 선생의 사랑도 독점했으리라. 끔찍한 사랑은 가혹한 인내와 고행 없이는 오지 않음을 깨닫는다. 한낱 매실을 얻기 위한 전초 단계이었음에도, 눈 속에서 꽃잎 피우는 장함이 세한삼우歲寒三友 가운데 어여쁜 칭송을 받았으며, 퇴계 선생으로부터 매형梅兄으로 모심을 받았다. 얼음같이 맑은 살결과 구슬같이 아름답다는 빙자옥질氷姿玉質이니 옥골玉骨이니 빙혼氷魂이니 하는 말은 매화의 타고난 기상과 기품 덕을 일컫는 것이다.

언젠가 경남 산청에 갔을 때 '고매高邁한 산청에는 고매古梅가 있는데, 삼매三梅 이야기를 들으면 삼매경三昧境에 빠지고 만다'고 했다. 무슨 말장난인가 했더니, 강회백姜淮伯의 정당문학 벼슬에서 이름을 따서 단속사 절터에 심은 정당매政堂梅, 고려 때 문신 하즙河楫이 심고 그의 호를 따서 이름 붙인 원정매元正梅, 성리학자 남명 조식曺植이 말년에 뜰 앞에 심었다는 산천재 남명매南冥梅를 이르는 말이었다. 모두 수령이 500년 전후의 모진 세월과 풍파를 겪은 거목으로 고결한 자태와 꼿꼿한 위풍의 삼매경에 감탄하지 않을 수 없었다.

호시절 덩달아 피었다가 덩달아 지는 꽃도 꽃이요, 엄동설한 저 홀로 고고하게 피어나 기리고 대접받는 꽃도 꽃이다. 어느 꽃으로 피기를 원하느냐 묻기를, 대답 대신 매화차 한 잔을 마저 기울인다.

오래된 문 1

차향

  문門은 기둥과 기둥 사이 빈 칸을 가려준다.
  문은 칸 안에 넣어둔 무엇인가를 원할 때 만나고, 필요할 때 쓰임받기 위해 필요한 장치다. 문은 처음부터 닫았다 열기 위해 태어났다. 닫기만 하고 열지 않는다면 무덤이요, 매장일 뿐 존재 이유가 없다.
  문은 여닫고 드나들어 돌쩌귀에 불이 날 때 신나는 문이요, 돌쩌귀가 처음 그대로 녹이 나면 쓸모없는 문이다. 닳고 달아 윤이 난 문지방은 흥한 문이요, 그대로 삭아버린 문지방은 망한 문이요 주인 없는 문이다. 나는 문을 '門'으로 쓰고 싶다. 그래야 문의 본질에 맞는다고 생각한다. 닫는다는 말은 연다는 것을 전제로 한다. 그렇지 않으면 애당초 묻어버릴 일이다.
  나는 어느 부문에 전문가도 아니고 해박한 앎도 가지고 있지 못하다. 그저 전통과 문화의 오래된 향기가 나에게 자분자분 말을 걸어오면 알아듣지 못하는 귀로 들어보려고 몸을 구부려 애쓸 뿐이다. 그곳에는 늘 신비스러운 향과 뭉근한 온기가 있고, 깊고 간절한 푸른 눈이 기다리고 있다. 나는 무시로 조심조심 문을 열고 눈인사 나누는 일이 자못 즐겁다. 귀에 대보면 만져지는 소리와 들려오는 향기가 있다. 새근새근 숨소리가 있다.

전통은 낡고 철이 지나 버려야 할 것이 아니라, 철이 오면 꽃피는 거목이다. 그때부터 지금까지 살아왔고 앞으로도 살아서 우리를 지탱해줄 뿌리이며 어머니다. 그 나무에 달린 잎사귀라도 닦아주고 싶다. 오늘은 '차 달이는 신선'의 문을 지그시 밀어본다. 몸과 마음을 도저하게 세워주겠다는 반듯한 약속의 문이다.

이천 년의 이끼가 얼룩진 문에 가까이 다가서자 차향이 물씬하다. 비스듬히 열려있는 문으로 살며시 들여다보니 덥수룩한 머리에 상투를 틀어 올린 다동이 부채질을 하고 있다. 화로 위에 탕관을 올리고 부채질로 불을 붙이는 중이다. 주인은 보이지 않고 책상 위엔 뽀얀 찻잔 세 개가 책과 함께 놓여 있다. 나무보다 늠름한 파초의 그늘 아래 평화롭게 앉아 있는 사슴 한 마리, 주인 대신 차茶가 끓기를 기다리고 있다. 태생이 선비인지 자태가 느긋하다. 화제畵題가 '시명試茗'이라 적혀 있으니 차 한 잔 맛보겠다는 기다림의 여유다. 단원 김홍도의 그림인데 한참 바라보고 있으니 탕관 안에 끓고 있는 돈차의 향기가 점점 진해진다. 삼매에 든 사슴의 눈매를 들여다보며 생각한다. '시간이 없다'는 말은 마음이 없을 뿐이고, '바쁘다'는 말은 '쫓기고 있다'

의 또 다른 말이다. 목적지를 모르고 헤매는 자들끼리 서로가 서로를 쫓아가고 있다. 문득 다석 유영모 선생의 '몸의 나와 얼의 나'를 생각한다. 몸뚱어리인 '몸나'가 그저 휩쓸려 살아지며 마음을 끌고 다니는 것일까, 내 얼이 깃든 '얼나'가 내 몸을 건사해서 살아가고 있는 것일까.

이번엔 파초 그늘이 아닌 고목의 소나무다. 휘어진 소나무 가지 뒤로 폭포가 쏟아지고, 밤송이머리를 한 다동이 역시 차 화로에 부채질을 하고 있다. 행여 꺼질세라 아궁이를 들여다보는 눈빛이 간절하다. 다동 옆에는 뜨뜻한 불기운에 눈이 스르르 감길 듯 취한 사슴이 앉아 있다. 사람이 신선이 되면 사슴이 되는 걸까. 사슴이 신선이 되면 사람으로 환생하는 걸까. 차를 끓이는 자리에 매번 등장하는 주인공은 사슴이다. 무엇인가를 응시하며 명상하듯 관조하는 저 초탈의 눈빛은 무얼 말하고 싶은 걸까. 이인문의 〈선동전다도仙童煎茶圖〉풍경이다. 신선의 영역, 이상향의 경지가 차의 세계에 그윽하다.

번뜩 무슨 영감이 떠오른 걸까. 파초 그늘 아래서 파초 잎을 깔고 붓을 들었다. 종이 대신 쓰려고 파초 만 그루 이상을 심었다는 중국 명필가의 고사가 있을 만큼 문인들로부터 사랑 받는 소재다. 풍로 위 탕관에 찻물을 올리고, 몸놀림 잰 다동은 어느새 먹을 갈고 있다. 어떤 멋들어진 시 한 수가 나올지 붓끝을 따라 가본다. 이재관의 〈파초

제시도芭蕉題詩圖〉 앞에 서면 눈치 빠른 다동과 자유분방하고 태평한 선비의 여유가 먹향과 차향으로 출렁인다. 넘치지 않고 가득하다. 문학소녀를 자처하며 단풍잎 위에 사인펜으로 적고 그리던 시절을 떠올려본다. 지나고 보니 풍류는 몰랐어도 옛 선인들이 차를 마시며 파초나 오동잎에 시 쓰기를 즐기는 엽상제시葉上題詩의 풍취를 흉내 낸 격이다. '너와 더불어 사슴도 잠이 들면 약차藥茶를 달이는 화로의 불길 시간을 넘기리라汝與鹿俱眠 瓿藥之火候過時'라고 쓴 경지가 바다 속 이야기처럼 유유자적하다.

차향 그윽한 몇 편 묵화의 방을 나와 창문을 여니, 차실 커튼이 도포자락처럼 휘날린다. 내 옷깃에 스민 차향이 따라나선다.

찻잔에 흐르는 사계

가을

번쩍 들어 올린 하늘이 눈이 시리게 푸르다.

황금빛 들판을 바라보는 눈길이 기름지다. 풍요가 주는 포만과 수확의 기쁨이 경쾌한 바이올린 연주에 맞춰 흥겹다. 타작을 마친 기쁨과 감사의 즐거움을 신명나게 탄주한다. 거둬들이는 희열보다 풍성한 게 있으랴. 낙엽마저 바람을 타고 너울너울 춤춘다. 술에 취한 마당은 흥청흥청 왁자하다. 저쪽에서 비틀비틀 걸어오는 술주정뱅이, 바이올린 독주가 익살스럽다. 마음껏 마시고 떠들던 즐거움은 술이 부르는 달콤한 잠 속으로 고요하게 가라앉는다.

기쁨은 유쾌하나, 기도는 조용하고 공기는 싱그럽다. 꿈결처럼 몽롱하고 가물가물 아련하다. 느리고 잔잔해지는 바이올린 선율, 미처 감사의 기도를 드리지 못했음을 깨달았나 보다. 춤을 추던 자 춤을 멈추고, 노래를 하던 이 노래를 멈춘다. 떨어지는 낙엽도 떨어진 채 조용하다. 모두가 감사의 기도를 올린다. 현이 촛불처럼 가늘게 떨린다.

 감사의 예물은 제사장이 바치는 헌다獻茶다.
 비 내려 키우시고 햇살로 살찌우신 신께 올리는 잔이다. 바람으로 거두시고 여물게 열매 주신 신께 드리는 잔이다. 솔로로 연주하는 바이올린의 셈여림이 사냥꾼에게 쫓기는 동물들의 긴박함을 표현한다. 그 순간, 차를 젓는 격불도 빠르고 힘차다. 지극한 마음으로 우리고, 온전한 정성으로 모시는 최고의 의儀요, 최상의 예禮다. 첫물차로 가루 내어, 청정수로 빚은 차 한 사발을 공손히 바친다.
 정성으로 우려낸 찻사발에 유화가 봉긋하다.

찻잔에 흐르는 사계

겨울

 칼바람이 볼을 찌르고 살을 엔다. 두 손을 주머니에 넣고 잔뜩 웅크리고 걷는다. 발을 동동 구르다 힘껏 내달려 본다. 이를 악물고 돌진할수록 거세지는 바람, 몸이 덜덜 떨리고 이가 딱딱 부딪친다.
 바이올린의 거친 불협화음이 휘몰아치는 비바람으로 난무한다. 하얗게 덮인 설산을 할퀴는 매서운 겨울바람. 눈보라 속을 헤치며 엘사의 〈겨울 왕국〉을 떠올린다.

 잦아지는 선율이 모닥불처럼 나긋하다. 화로 위 탕관에는 떡차가 하얀 김을 뿜어 올리며 끓고 있다. 창 너머의 세상은 눈 속에 덮여 얼어붙고, 방안에는 떡차의 향기가 엄마의 젖무덤처럼 포근하다. 꽁꽁 언 몸을 녹여주는 아늑한 평화. 차 한 잔을 감싸 쥔다. 찻잔의 온기가 부드럽게 실핏줄 하나하나 파고들어 불린 미역처럼 나른해진다. 긴 시간 숙성된 향기가 냉랭한 코끝을 위무해 준다. 진홍빛 한 모금이 목

젖을 타고 내려가 짙은 평온이 된다.

시베리아의 한기와 온실 속의 평온이 창 하나의 경계로 극명하다.

차가운 빗줄기일까. 펑펑 쏟아지는 함박눈일까. 피치카토로 내는 물방울 튕기는 소리. 그 가운데 포근한 멜로디가 마음을 녹여준다.

꽁꽁 얼어붙은 얼음 위를 한 발 한 발 디뎌본다. 가만가만 조심조심. 불안불안. 쩍 하고 갈라지는 얼음장. 긴박한 솔로 연주, 반전이다. 미끄러져 넘어지고도 다시 일어나 격렬하게 내달린다. 남풍을 따라 얼음이 녹고 봄인가 하지만 거친 바람 속에 꽃을 시샘하는 불청객.

봄날을 예견하는 조용히 내리는 비, 절망 속에도 꽃은 핀다. 혹독한 추위를 견디는 힘은 기다리면 돌아오는 섭리에 대한 확신 속에 있다.

'겨울이 오면 봄은 멀지 않다'는 셸리의 말을 바이올린이 속삭이고 있다.

찻잔에 흐르는 사계

봄

오색 빛 비눗방울이 동동 떠오른다.

작은 새의 귀여운 지저귐이 졸졸 흐르는 시냇물 소리와 동행한다. 산들바람이 귓속말로 소곤소곤 속삭인다. 바이올린 선율이 흐르는 오선지 위로 톡톡 터진다. 꽃망울이 4분의 4박자로 사뿐사뿐 내려앉는다. 움츠렸던 대지가 기지개를 켠다. 연둣빛 들판에 꽃물결이 펼쳐진다. 벌이 찾아오고 나비가 날아든다. 마주치는 눈빛마다 안녕 안녕 반가운 인사를 나눈다. 다시 찾아온 봄날을 다함께 춤으로 맞이한다. 얼었다 녹은 봄물이 계곡을 따라 돌돌돌 흐르는 소리도 미풍 따라 정겹다.

너른 차밭이 녹색 물결로 넘실거린다.

차나무 가지 끝이 봉긋봉긋 부풀어 오른다. 연필심처럼 뾰족하게 밀고 올라오다가 갓 피어난 찻잎이 깃발인 양 나부낀다. 봄물을 빨아

올린 찻잎에 윤기가 자르르 흐른다. 참새 혓바닥처럼 보드랍게 피어난 찻잎 따는 손길이 바쁘다. 똑똑똑 따는 소리마저 경쾌하다.

느닷없이 먹구름이 드리우고 멀리 천둥소리 들린다. 번개가 번쩍한다. 호사다마, 좋은 일에는 늘 훼방꾼이 생긴다. 꽃을 시샘하는 자의 소행일까. 꽃들도 찻잎도 숨을 죽인다. 잠시 후 한 차례 소란이 지나고 폭풍우가 가라앉는다.

다시 기지개를 켜는 봄날의 평화, 새들은 노래한다. 라르고의 느린 평화가 달팽이처럼 조용하게 다가온다. 전원의 풍경은 너무도 잔잔하여 나른하다. 눈꺼풀 위로 내려앉은 봄볕의 무게에 스르르 눈이 감긴다. 개 짖는 소리마저 자장가로 부드럽다.
  찻잎을 따던 손길이 동작을 멈추고 가뭇없이 눈이 감긴다. 눈을 감았다 뜬 사이 신선의 일장춘몽일까. 온몸에 차향이 스며 있다.

경쾌하고 명랑한 전원풍의 춤곡에 맞추어 목동들은 춤을 춘다.
  뜨거운 물을 붓자 다관에서도 연둣빛 발레리나가 나푼나푼 리듬을 탄다. 일제히 발꿈치를 쳐든 찻잎들의 무도회. 연주는 향으로 무르익고, 봄은 바이올린 선율로 우러난다. 맑게 우러난 차 한 잔을 따르니 어디선가 곤줄박이 새소리가 날아와 맞은편에 앉는다.

'붉은 머리의 사제'를 초대한 봄날, 나는 꽃다운 팽주다.

찻잔에 흐르는 사계

여름

  달팽이 한 마리가 여름 한낮을 가로지른다.

  등껍질에 나른한 바이올린 선율이 내려앉는다. 잔잔한 현의 울림이 깊은 숲속을 향해 느리게 흐르고 있다. 팔랑거리던 나뭇잎도 축 늘어진 채 생기를 잃고 바람에 몸을 맡긴 채 흐느적거린다. 한껏 치장한 여인처럼 고개 들고 시선을 기다리던 꽃들도 그만 고개를 떨구었다. 파릇파릇한 잔디밭도 파장한 장터처럼 심드렁하다. 끈적한 노곤이 무관심 속으로 빨려 들어간다. 뻐꾸기도 더위를 먹었나 보다. 울다 말다 또 운다.

  한낮의 열기가 달아오를수록 생물의 본능은 시들해진다. 공원 벤치 아래 웅크린 고양이도 세상 귀찮은 듯 꾸벅꾸벅 졸고 있다. 굼뜨게 흐르는 바이올린 선율이 눈꺼풀을 쓸어내려 끝 모를 늪으로 미끄러진다.

뜨뜻미지근해진 물마저 생수라는 이름이 무색하다. 더위를 제압할 수 있는 건 뜨거운 차다. 탕관에 물을 올린다. 잠시 후 탕관 바닥에 이슬이 맺힌다. 냉기와 작별하는 온기의 눈물일까. 게의 눈처럼 작게 맺힌 물방울들이 새우 눈처럼 커진다. 동공이 열리자 물고기 눈동자만 하게 떠오른다. 뒤를 잇는 눈물방울의 승천, 주판알처럼 줄을 지어 수직으로 도열한다. 한 방울 두 방울 맺히는 물방울이 날아오른다. 비릿한 아쉬움을 훌훌 털어버리고 하늘을 향해 끓어오른다. 날자 날자 날아오르자, 가라앉은 내 마음도 이상의 날개가 되어 날아오른다. 지친 여름날의 나른함이 수증기가 되어 머리를 푼다.

어디선가 불어오는 산들바람이 돌변한다. 갑자기 몰아치는 돌풍이 폭풍전야다. 졸고 있던 고양이가 화들짝 놀라 쏜살같이 달아난다. 하늘을 두 쪽으로 가르며 마른하늘에 번개가 스친다. 산 넘어 저쪽에서는 소나기가 퍼붓기 시작한다. 기세등등하던 한낮의 열기가 회초리를 맞은 듯 일제히 쓰러진다. 의기양양 군림하던 태양이 우왕좌왕 몸 둘 곳을 찾는다. 누가 바이올린을 부드럽고 감미로운 악기라 했나. 한바탕 휘몰아치는 격렬한 요동이 거친 숨을 몰아쉰다. 격정의 탄주가 화끈하다. 날아오르던 물방울이 요동치며 말달리듯 휘몰아친다. 탕관이 들썩이며 시끄럽던 순간이 숨 멎듯 그치고 숨소리만 새근거린다. 팽팽한 바이올린 현이 치달아 이른 곳에 다시 고요가 흐른다. 바르르 떨며 이내 숨을 고른다. 정점을 찍은 찻물이 순숙에 이르러 정적에 든다.

 삼매의 경지, 무심의 경지, 이제 이열치열의 차를 우릴 시간이다.

처지와 경지

납설수

　겨울의 싹수가 훤하다. 싹수로는 첫눈이요, 훤하기로는 함박눈이다.

　이마부터 희끗희끗하더니 세상이 대명천지다. 초장부터 두툼한 솜이불을 꺼내 대지를 덮어 주니 올겨울은 날씨도 푹하고, 보리농사도 풍년 들 조짐이다. 농사라고는 깜깜이지만 어른들께 들은 풍월이다. 후덕하게 내려서 친절하게 쌓이는 설상雪上이 가상嘉尙하다. 쌓이는 눈 위로 겹치고 포개지는 모습이 아름답고 기특하다. 나무랄 곳도 쓰다듬을 곳도 차별하지 않고 고루고루 내려서 기도처럼 덮어 준다.

　기상청 관계자는 이상기후를 우려하며 따뜻한 겨울을 보여주는 엘리뇨 발생 여부가 기후의 온난화 현상으로 이어지는 데 촉각을 곤두세우고 있다. 그런 염려는 잠시 미뤄 두고 애나 어른이나 솜사탕처럼 부푼 기대와 첫사랑 같은 막연한 설렘이 첫눈과 함께 펄펄 날린다.

눈부시게 순결한 첫눈을 바라보며 그 눈빛처럼 고운 백자 다관으로 차 한잔을 우린다. 탕관에 물이 끓기 시작하자 한 줄기 향이 타오르듯 김이 오르기 시작한다. 어디선가 사슴 한 마리 목을 빼고 넘어다보고 있지 않을까 상상하며 창밖을 내다본다. 데워진 찻잔의 온기처럼 창밖의 전경은 포근하고 고요하다. 나를 에워싼 주변의 사물이 호수 위의 파문처럼 나를 기준으로 퍼져 나간다. 찻상 앞에 앉으면 세상의 중심은 오로지 내가 된다. 그래서 나는 혼자 차 마시기를 즐긴다. 군중 속에서 늘 주변인이던 내가 나를 중심에 앉힐 수 있는 곳이다. 아니 내가 스스로 차지한 중심이다. 탕관에서 숙우로, 숙우에서 다관으로, 다관에서 찻잔으로 건너가며 물 따르는 소리가 금 긋듯이 고요를 가른다. 잠자던 다기들도 알아듣고 대답한다. 깨어 있다고, 받아들일 준비가 되었다고, 온몸에 실금을 그어 물길을 내어준다. 나도 따라 깨어난다.

내가 어릴 때 엄마는 첫눈이 오면 장독대 깨끗한 항아리에 눈을 받아 두셨다. 그 물로 약을 달이면 약 효과가 뛰어나고 장을 담글 때 쓰면 장맛이 으뜸이라고 하셨다. 밥을 해도 맛이 있고, 여름에 일사병이나 땀띠가 생겼을 때 바르면 좋다고 하셨다. 그때는 어려서 그 효능을 느끼거나 그 신통함을 검증해본 바도 없지만 지금 생각해도 무공해의 신성한 기운과 신비함이 서려 있을 것으로 믿어진다. 『본초강목』이나 『동의보감』에도 '납설수臘雪水는 성질이 차고 맛은 달아 열을 내리게 하고 독을 없애 주며 갈증을 없애 준다'고 되어 있다. 납설수는 납월인 음력 12월쯤에 내린 눈을 녹인 물이다. 설수雪水는 신비의 물로 동식물이 생장하고 번식하는데 좋은 물이라고 한다. 철새들은 해마다 수만 리 하늘을 날아서 북쪽 얼음물을 마신다. 사슴도 눈 속에서 설수를 마심으로써 자손을 번성하는 힘을 얻고 건강을 유지한다고 한다. 각종 공해로 오염된 오늘날은 엄두조차 낼 수 없는 일이지만 눈 녹인 물은 빙하수와 맞먹는 최고의 물이다. 히말라야, 안데스 고산지대의 사람들이 장수하는 비결 중 하나도 설수로 알려졌다. 그래서 세계적인 만년설 빙하수로 이탈리아의 '수르지바'와 케나다의 '아이스 에이지' 물을 꼽는가 보다.

납설수나 빙하수는 흡수가 빠르고 미네랄이 풍부해서 피부 진정효과가 탁월하다고 한다. 선조들이 '신이 주신 화장수'로 피부병에 써온 이유가 충분한 처방전이었다. 농경 사회에서 물은 절대적이어서 때에 맞춰 비가 오지 않으면 기우제를 지내듯, 납월 이전에 눈이 오지 않으면 기설제祈雪祭를 지내는 풍습도 있었다고 한다.

『동의보감』에도 새벽에 처음 길어온 정화수, 차가운 샘물 한천수, 국화 밑에서 나오는 국화수를 포함하여 납설수를 좋은 물로 꼽는다. 납설수로 차를 달이면 그 향기가 코를 찌르고 차향이 오랫동안 방안에 머물러 떠나지 않고, 머리가 맑아지며 마음이 편안해진다는 대목이 있다.

'섣달 눈 녹인 물로 차를 끓이다'라는 홍현주의 '납설수팽다臘雪水烹

茶'를 대할 때마다 올겨울엔 나도 그 신선의 경지를 누려보리라 벼르며 겨울을 고대한다. 요즘이야 비만 맞아도 아토피 피부염에 걸리네, 천식을 악화시키네, 발암성 물질이 들어 있네 호들갑을 떨며 겁을 주니 막상 눈이 내리면 선뜻 내키지 않는다. 그러던 차에 눈이 내리는 날, 산사에서 하루 묵을 기회가 생겼다. 깊은 산속에서 청정한 기운을 받은 눈이야말로 절호의 기회다 싶었다. 깨끗이 닦은 넓은 양푼을 대여섯 개 담장 위에 올려놓았다. 그릇마다 그득그득 수북한 눈이 아침 햇살에 그야말로 눈 녹듯 녹아내리리라. 문헌으로 만나는 고매한 다인들의 흉내라도 내 볼 요량이다. 이 멋들어진 차 자리에 누구를 초대할까 꼽아보며 들뜬 마음으로 잠자리에 들었다.

새벽같이 눈이 떠져 나가보니 그릇에는 절반도 안 되는 눈이 담겨 있다. 티 한 점 없는 꿈의 설수를 기대한 내 욕심이었을까. 백옥 같아야 할 양푼의 하얀 얼굴은 산바람에 날린 먼지와 티끌로 주근깨투성이다.

처지處地와 경지境地는 하늘과 땅 차이다.

맘먹은 여기까지가 낭만이다. 설레었던 여기까지가 풍류다.

치자꽃 차회

    이른 아침 문을 열자 새벽에 가필한 이 향기는 누구인가. 달콤하고 아련하여 눈을 감고 빠져든다. 어느 후각의 감별사 있어 이 향을 온전히 옮겨낼 수 있으랴. 옹기 화분에 안긴 초록의 작달만한 꽃, 치자가 백옥의 브로치를 달았다. 티 한 점 없는 순백의 꽃잎이 겹치고 겹쳐서 한 세상을 열었다. 온갖 시름을 날리고도 남을 향으로 열어젖힌 소우주다. 개벽의 향이라 해야 할까, 태초의 빛깔이라 해야 할까. 향은 맑아서 깊고, 진해서 사무친다. 치명적 향을 지녀 치자이더냐, 무구한 흰빛의 극치로 치자이더냐. 코를 가까이 하자 새벽 공기의 촉촉함이 더해지니 상큼함을 지나 농농하다. 꽃맞이는 '일찌감치', 향 맡기는 '멀찌감치'가 치자 꽃의 접견법이다. 치자梔子의 '치梔' 자를 들여다보면 손잡이 달린 술잔卮을 닮은 열매 모양으로 붙여진 이름이란다. 그러나 나는 치사량에 버금가는 꽃향기와 깨끗함의 극치인 순백의 흰꽃에 반해 '치자致者'로 부르련다.

옛 성현들은 매화 피는 때를 기다려 벗을 불러 봄맞이 차회를 열었다. 나도 이번 시월의 설연차회는 치자 꽃맞이 차회를 열기로 한다. 꽃 치자는 7, 8월에 피기 시작하여 깊어지는 여름의 꽃이지만 일조량이 부족한 내 차실에서는 해마다 시월에 만개한다. 새벽으로 찬 기운이 감도는 때에, 가지 끝에 피어나는 고고한 자태는 누구라도 범접치 못할 기품이다. 일반 치자와는 다르게 꽃 치자는 눈부시게 희디흰 꽃잎 위에 꽃잎이 포개져서 장미처럼 겹쳐 핀다. 도톰한 꽃잎 갈피마다 맑고 달콤한 향기를 감추고 있어 한번 향을 맡아 본 이들은 향에 반하고 만다.

차 자리의 중앙에 오늘의 주인공 꽃 치자를 모신다. 더하여 무슨 향 사르기가 필요하랴. 차실에 들어오는 사람마다 오늘은 무슨 향이 이리 좋으냐고 한마디씩 한다. 평소 향수를 즐기는 회원이 차실에 들어서자마자 가드니아 향수 냄새가 난다고 한다. 역시 아는 이는 아는구나. 손으로 치자 화분을 가리키자 손뼉을 치며 좋아라 한다. 난 한 번도 향수를 뿌려본 적이 없다. 다만 치자꽃을 사랑하다 보니 '가드니아'라는 향수 이름을 알고 있을 뿐이다. 언제인가 내 생에 향수를 필요로 할 때가 온다면 치자 향을 선택하리라하고 점지해둔 이름이다.

시월의 차는 녹차에 덖은 치자 꽃차를 넣어 치자 향을 즐긴다. 한 가지에 한 두 송이 피는 꽃을 따서 덖어 두었다 차회를 여는 날, 코로 입으로 향보시를 한다. 다식으로는 치자 가루를 넣은 양갱, 치자 물로 반죽한 꽃 송편을 준비한다. 치자 물들인 다포까지 깔면 치자 꽃차 자리가 완성된다. 하나 둘 모여든 회원들이 치자 향으로 하나가 된다. 처음으로 치자 꽃을 보았다는 이도, 치자 향을 처음 맡아본 이도 있지만, 치자 꽃차는 모두가 첫 경험이라고 한다. 순백의 꽃잎과 아리도록 깊은 향이 첫 경험과 만나 분위기도 향기롭다. 매월 차회 때마다 시절에 맞는 한시를 고르는데 이번엔 '치자'가 들어가는 시를 고르고 싶어 왕건의 「우중에 산촌에 들르다」를 골랐다.

빗속에 한두 집에서 닭이 울고,
대나무 자란 시골길 개울에 널빤지 걸쳐 있네.
시어머니 며느리 서로 불러 누에치러 나가고,
마당 가운데 한가로이 치자 꽃이 피었네.

들일로 바쁜 시골 사람들과는 대조적으로 조용하고 쓸쓸하기까지 한 시골집의 풍경을 그려보며, 시 속에 피어 있는 치자 꽃향기를 차 자리에서 감상한다. 내년 이맘 때 쯤 치자 꽃필 때까지 함께한 이들의 앞섶에 스며든 끼끗한 치자 향처럼 맑고 영롱한 하루하루가 이어지기를 바란다.

치자 꽃은 청정무구 순백이건만 열매는 술잔 모양으로 황홍색이다. 말린 치자 열매는 물에 담그면 노르스름하다가 붉은 주황 물이 흥건히 우러난다. 물감으로 낼 수 없는 신비로운 빛이다. 하얀 꽃은 한없이 청결하고, 열매에서 우러난 빛깔은 끝없이 오묘해서 보고 있어도 새록새록 그리운 빛이다.

치자 열매는 열을 내리는 작용으로 출혈증과 황달, 열병, 결막염 등 효험이 많아 전통 음식에서 고운 물을 들이는 데에 많이 이용한다. 특히 튀김, 전, 떡 반죽에 치자 물을 넣으면 먹음직스러운 황금빛을 낸다.

어린 시절 엄마가 해주시던 노란 부침개는 기름 맛이 입에 착착 감겨 생각만으로도 고소한 향이 나는 것 같다. 갓 부쳐낸 부침개가 한쪽씩 접시에 담기면

다음 한 쪽이 부쳐지기 전에 우리는 젓가락을 빨며 기다리곤 했다. 가족 모두 둘러앉아 찢어먹는 재미가 여간 즐겁지 않았다. 함지박에 치자열매를 담가 그 우러난 물로 반죽하여 부쳐낸 부침개는 하얀 접시 위에 노란 함박꽃으로 푸짐하게 피어났다. 빛깔도 아름답지만 밀가루만 부친 전보다 훨씬 쫄깃하고 부드러웠다. 어머니가 해주시던 그 입맛으로 치자 물을 들인 양갱과 꽃 송편을 다식으로 만들어 쓴다. 하얀 쌀가루에 치자 우린 물을 섞어 반죽하면 노르스름하던 색이 쪄내고 나면 샛노랗게 선명해진다. 접시에 다식을 옮겨 담다가 문득 어머니 손길이 스쳐간다. 차곡차곡 돌려 담고, 다독다독 정성 들이시던 어머니를 흉내 내는 그림자 손길이다. 그때의 어머니보다 더 세월이 지났건만 어머니 학과는 평생을 보습만 할 뿐 수료가 없다. 우릴수록 진해지는 게 치자만은 아니다. 해를 거듭할수록 농농해지는 섧도록 그리운 빛, 어머니.

포르스름, 천년 향

돈차

    고목의 매화나무 등걸에 핀 이끼 빛이다. 달그락달그락 서로 몸 닿는 소리가 동전처럼 맑다. 동그랗게 빚어서 바람의 창문을 한가운데 뚫었다. 바람도 드나들고 꼬챙이도 지나가고. 바람이 불어오면 몸을 말리고, 꿰미가 들어오면 몸을 맡겨 엮인다. 처마 아래 걸리고 시렁에도 매달리고, 항아리에 안겨서 몇 번이고 겨울잠을 잔다. 점지되는 그 날까지 습기를 날리며 깊은 향을 키운다. 안으로 다독다독 쟁여서 농익은 향이 배어 나와 포르스름한 낯빛이 되었다.

    곱게 커서 둥글고, 세월 먹어 단단해진 돈차를 굽는다. 앞뒤로 불맛을 입히니 긴 세월 정성과 인내가 뿜어내는 향으로 차실이 자욱하다. 이 작은 한 알의 돈차가 탄생하기까지 찻잎과 만든 이의 손길이 혼연히 일체로 지극하였음이다. 다른 차와 달리 돈차는 살짝 구우면 풋내도 줄어들고 독특한 향과 풍미가 한결 깊어진다. 차를 우린 후 탕색도 곱고 혹시라도 염려되는 이물질도 태워버리는 효과가 있다. 주전자에 물이 끓기 시작한다. 구운 돈차 한 알을 탕관에 넣고 은근히 끓인다. 내 입맛에 돈차는 우리는 것보다 탕관에 끓이는 맛이 좋다. 세월을 벗 삼아 만든 차는 마실 때도 짧은 우림보다는 시간을 두고 뭉근히 끓여야 그 본래의 깊은 맛을 고스란히 느낄 수 있다. 기도하듯 만들고, 바람과 함께 익어간 차를 대하는 내 마음이기도 하다. 쉽게 익은 물만 부어 금방 마시기에는 천년 역사를 지닌 돈차에 대한 예의가 아니지 싶다.

  돈차는 삼국시대부터 전남 장흥지방을 중심으로 존재했던 전통 발효차의 이름이다. 동전 같다 하여 돈차 또는 전차錢茶, 꿰미로 매달았기에 곶차串茶, 모양이 둥글다 하여 단차團茶, 떡처럼 찧어서 만드니 떡차 또는 병차餠茶 등 여러 이름으로 일컬어졌다. 또한 동전 모양의 차 표면이 포르스름한 청태 빛을 띠었다 하여 청태전靑苔錢이라 불렀다. 여러 이름으로 불렸다는 사실만으로도 그 당시 돈차가 얼마나 대중적이고 생활 속에 깊이 자리했는지를 짐작할 수 있다. 그러나 오늘날 보이차나 커피는 삼척동자도 다 아는 이름이거니와 우리의 돈차는 이름조차 생소한 게 사실이다. 세계 녹차 콘테스트에서 최고 금상을 받고, 국제슬로푸드 생명다양성 재단이 인증한 맛의 방주에 등재된 우리나라를 대표하는 전통 발효차이지만 말이다.

  청태전은 보림사 주변의 비자림에서 자생하는 청정의 찻잎을 채취하여 만들어지면서 천년 세월을 이어왔다. 장흥에는 큰 키 비자림 그늘과 적당한 양의 햇볕이 차나무가 자라기에 천혜의 조건을 갖추었기 때문이다. 대대로 손으로 빚어 상비약으로 음용하면서 청태전의 뿌리가 이어지고 있다. 특히 차를 생산하는 다소茶所가 전국 19개소 중에 장흥에만 13개나 있었다고 하니 조선시대까지 이곳이 차 문화의 중심지였다는 것을 알 수 있다.

돈차는 만드는 방법이 떡차라는 이름처럼 떡 만드는 과정을 그대로 따른다.

청태전은 찻잎을 시들게 한 후 떡처럼 시루에 쪄 낸다. 쪄낸 찻잎을 절구에 찧어 동그랗게 모양을 만들거나 틀에 넣어 박아 낸다. 일정한 모양으로 빚은 차의 가운데에 구멍을 뚫어 꼬챙이에 끼우거나 널어 말려서 습기를 제거한다. 대나무 상자나 항아리에 넣어두기도 하고, 실로 꿰어 걸어서 발효 과정을 거친다. 시간이 쌓이면 숙성이 진행되어 깊고 풍성한 맛과 향을 낸다.

떡차의 역사는 다산 정약용 선생이 '모름지기 세 번 찌고 세 번 말려 아주 곱게 빻아야 하고, 반드시 돌샘 물로 고루 반죽해서 작게 떼어 떡으로 굳혀야 차져서 먹을 수가 있다'고 한 편지글에 잘 나타나 있다. 나이가 들어 기운이 쇠약해진 병든 몸을 지탱하는 약으로 쓰셨다.

다산의 강진 유배 18년간 제자들과 맺은 인연의 다신계茶信契는 오늘날까지도 가장 아름답고 고매한 사제 간의 신의와 끈끈함으로 전해진다. 제자들은 스승인 다산에게 해마다 차를 만들어 1년간 공부한 글과 함께 보내기로 한 약속을 평생 지켰고, 집안에 전승되어 100

년 이상 지켜 왔다고 한다. 떡차의 깊게 우러난 맛처럼 뭉근하고, 청태전 천년의 웅숭깊은 향기처럼 가슴 뭉클하다.

선생이 즐기던 그 시절로부터 쌉싸름한 시간이 흐르고, 지금 내 앞에 그날의 돌샘 물은 아닐지라도 단맛 나는 떡차와 마주할 수 있음은 꽃잎 같은 시간이다.

뭉근히 우러난 차 한 잔을 분청 귀얄 찻잔에 따른다.

귀얄의 거친 붓 자국을 따라 나이테를 그리며 찻물이 고인다.

산다는 건, 따르고 고이며 그렇게 물들어 가는 일이다.

흔들리는 거울

혼자 차를 마시는 것은
외로워서가 아니라 외로움을 배우려는 거다.
쓸쓸해서가 아니라 쓸쓸함의 깊이에 닿으려는 거다.
한가해서가 아니라 여유를 찾으려는 거다.
나 밖에 몰라서가 아니라 배려를 배우려는 거다.
풍족해서가 아니라 가진 게 차밖에 없어서다.
괴로움이 없어서가 아니라 평화를 찾기 위해서다.
깨달아서가 아니라 깨달음을 얻고 싶어서다.
누군가 그리울 때, 가슴을 데우고 싶을 때, 혼자 차를 마신다.
왜 사냐고 묻고 싶을 때, 어떻게 살아야 하나 자문할 때, 혼자 차를 마신다.

차는 혼자서 둘이 되는 친구요, 굽은 허리를 곧추 세워 주는 지지대이며, 탁해진 정신을 일깨우는 죽비다. 찻물을 올리는 순간부터가 나와의 대화를 준비하는 시간이다. 찻상 위의 찻그릇이 제 자리에 놓일 때, 흩어졌던 마음들이 하나 둘 모여든다. 바쁘다고, 바빠서 정신이 없다고, 그래서 정신을 차릴 수 없을 때 찻상을 차리고 찻물을 올리자. 물이 끓으며 발이 네 개 달린 분주함도, 죽 끓듯 심란하던 번뇌도 함께 끓는다. 흩어지는 수증기를 따라 내 안의 얽혀 있는 것들이 버티려고 파동하다 이내 사라진다. 그 빈자리로 예열한 찻잔의 온기가 가만히 스며든다. 한 점 습기 없는 마른 찻잎이 따뜻한 물을 만나 돌돌 말고 있던 몸을 조용히 푼다. 고요의 중심에서 제 몸의 맑은 기운을 아낌없이 내놓는다. 그 한 잔을 받아든 나는 지금 이 자리, 우주의 중심이 된다. 산란하던 마음자리가 찻물처럼 잔잔해진다. 물이 끓어오르듯 솟구치던 번민이 비어 있는 찻그릇으로 가지런히 놓인다.

  차 한 잔을 우리는 동안 오감이 깨어난다. 눈으로 마시고, 코가 마신다. 귀로 마시고, 피부가 마신다. 입이 마시면 몸이 마신다. 몸이 알아듣고, 알아차린다. 차의 힘이다. 차茶 가 나무와 풀 사이에 사람을 품은 이유다.

  초의 선사는 『다신전茶神傳』에서 차는 홀로 마실 때 신선의 경지에 이를 수 있다고 했다.

    '차를 마실 때에는 사람 수효가 적은 것이 가장 고귀하다. 차를 여럿이 마시면 소란스럽고, 시끄러우면 차 마시는 고상한 아취를 찾을 수 없다. 홀로 마시면 신비로운 경지요, 두 사람이 함께 마시면 좋으나, 서너 명이 어울려 마시면 취미로 마시는 것이고, 대여섯 명이 함께 마시면 분위기가 들뜨고, 일곱 여덟 명이 모여서 마시면 그저 보시布施하는 것이다.'

차는 더불어 마시며 나누는 정담이 미덕이다. 그러나 차를 친구로 삼은 사람은 그 혼자 마시는 경지의 참뜻을 헤아릴 수 있으리라.
둥근 달이 떠오른 고요한 밤이거나 하염없이 이어지는 빗소리를 듣는 밤이어도 좋다. 흰 눈 소리 없이 쌓이는 밤이면 더 없이 그윽하리. 오래 된 화로에 찻물을 끓여 홀로 즐기는 차 한 잔의 운치와 사유는 누구나 할 수 있으나 아무나 즐길 수 없는 멋이요, 경지다.

혼자 마시는 차에는 네 가지 덕德이 있다. 그 첫 번째가 하심下心이다. 지위가 높아서, 가진 것이 많아서 내려놓는 것이 아니다. 일어나는 생각을 잠시 멈추고 나를 들여다보는 시간을 찾는 일이다. 상대를 탓하기에 앞서 자기 반성을 통해 나를 돌아보는 성신省身이 그 두 번째요, 상대의 입장을 역지사지로 생각해보는 재사再思와, 자신의 몸과 마음을 편안히 다스릴 수 있는 안신安身이 그것이다. 혼자 차를 마시는 시간은 온전한 나와 독대하는 순간이다. 깊은 사색의 호수가 기다리는 시간이다.

옥화차 한잔을 기울이니 겨드랑이에 바람이 일어
몸은 가벼이 하늘로 날아오르네.
옛 성현들은 모두 차를 사랑했나니
차는 군자와 같이 어긋나지 아니함이라
찻물 끓는 소리 시원하고 고요하니
맑은 기운이 마음과 몸을 일깨우네.
물 길어다 그 가볍고 부드러움을 맛보니
차의 참맛과 어울려 몸과 마음이 열리는구나.
거칠고 더러운 것을 없애고 나면
맑은 정기 스미나니
대도를 얻는 것이 어찌 멀다 하리오
오직 흰 구름 밝은 달만 벗으로 삼으니
도인의 차 자리 이보다 빼어날 수 있으랴.

초의 스님의 「옥화차玉花茶」다.
　차 한 잔은 나를 들여다보는 거울이다. 누구를 탓할 때, 누구와 비교할 때, 찻잔은 흔들린다. 의식이 멈춘 자리, 흔들리지 않고 고요한 차 한 잔을 마주하기 위해 오늘도 찻물을 끓인다.

제3부

그늘의 편애

어머니의 위치는 들 뒤란 같은 그늘이다.
자식들 통신표라도 잘 받아 자랑삼을 양지에는
아버지의 목청이 반짝이고,
어머니는 슬며시 그늘로 숨는다.

나무에 들다

숲에 들어 나무를 우러른다.

한 그루 한 그루가 모두 성자다. 그 아래 서면 파르르 떠는 이파리 한 장만도 못한 나는, 그늘 아래로 내려앉아 한없이 온순해진다. 그리고 경건해진다. 나무는 보이지 않는 곳에 보이는 높이보다 더 긴 높이를 묻고 있다. 거센 비바람에 흔들리면서도 의연히 크면서 서 있는 힘의 저력이다. 보이지 않는 곳에서 생명의 젖을 물려 주고, 영양분을 저장하고, 나무를 지지하고 있는 뿌리가 있다. 결코 어느 한순간도 나무를 뿌리친 적 없는 뿌리다.

나무의 높이는 땅속에 얽혀 있는 뿌리의 힘과 비례한다. 그래서 나무의 생각은 깊고 넓다. 살아 있는 동안 끊임없이 내놓고 베풀고, 받아주고 공급한다. 죽어서도 인간의 쓰임을 위해 기꺼이 한 몸을 바친다. 나무는 오로지 이타利他다. 다른 생명체가 뱉어 내는 탄소는 먹어 주고, 쏟아 내는 미세먼지는 대신 마신다. 저 먹은 쓰레기도 두고 가는 이기利己의 인간에게 부단히 산소를 제공한다. 그 이타 정신은 끝 나도 끝나는 게 아니다. 살아서도 천년이요, 죽어서도 천년이다.

　나무는 상대를 가리지 않는다. 누구라도 무엇이라도 품에 들어오면 보듬어 준다. 궂은날은 지붕 되고, 바람 불면 바람벽이 된다. 비오는 날 우산 되고, 뙤약볕엔 차일로 드리운다.
　나무는 자리를 탓하지 않는다. 어느 곳이든지 주어진 자리에서 명당을 넘보지 않는다. 게으르지 않으면 제 가지 식솔들을 건사할 수 있다는 적응의 자신감이다. 매연 쏟아지는 대로변에도, 으슥한 골목 외진 공터에도 존재만으로도 불 밝힌 등대다. 해풍 몰아치는 절벽 난간에도, 천애고도 바위틈일지라도 독야청청 푸르다.
　나무는 욕심내지 않는다. 내 누울 자리 좁다고 투정을 부릴 때, 나무는 선채로 긴 밤을 지새운다. 내가 열 개를 채우려고 하나를 넘볼 때, 나무는 작년 소득이 과분하다고 빈털터리 해거리를 주저 없이 단행한다.
　나무는 끝이라고 생각할 때 봄을 준비한다. 열매 떨어진 자리 다음 해 꽃과 열매를 위해 봄눈을 보듬는다.
　나무는 지혜롭다. 거센 바람에 저항하기보다는 휘어지며 길을 내주는 편을 택한다. 저보다 큰 나무는 그늘로 삼고, 못하면 그늘이 되어준다. 바람 불면 흔들흔들 흔들리다 그친 날은 주섬주섬 가지를 추스른다.

나무는 나태하지 않다. 누운 나무에 열매가 안 열린다는 좌우명을 터득하여 한시도 게으름을 피우지 않는다. 내가 가는 바람에 흔들려 주저앉을 때도 나무는 하늘을 향해 키를 높이고, 내가 곤한 잠에 빠져 있을 때에도 나무는 물관부와 체관부를 가동한다.

나무는 문장가다. 하고 싶은 말을 잎사귀마다 빼곡한 지문으로 써 놓는다. 시골집 울안에 감나무는 집안의 대소사를 일일이 써내려간다. 할머니가 언제 돌아가셨는지, 큰 누나는 몇 살에 방직 공장에 취직을 했는지, 막내 누나가 언제 시집을 갔는지 다 알고 있다. 감나무는 기억을 감고 있는 나무다.

느티나무는 동네를 기록하는 나무다. 감나무가 담장 안 집안 내력을 꿰는 동안 느티나무는 밤이 깊도록 마을이야기를 써 내려간다. 동네 일은 물론 새벽을 여는 두부장수, 다 저녁에 소쿠리를 팔러 다니는 아주머니, 시도 때도 없이 드나드는 엿장수까지 경비실 일지처럼 기록한다. 장날 소 팔고 돌아오던 장씨가 거나하게 취해서 슬하에서 재워준 일도 느티나무는 기억하고 있다.

도시로 나온 플라타너스는 걱정을 풀어주는 나무다. 집안일이나 마을 일은 감나부와 느티나부에게 맡기고 대로로 나섰다. 오염된 도시의 공해와 건조한 공기로 신음하는 대지를 구원하기 위해서다. 수많은 자동차의 매연을 대신 들이켜고 촉촉한 수분을 뿜어 낸다. 어린 시절 초등학교 운동장에는 엄마 품 같은 플라타너스 그늘이 우리를 불러 모았다. 으스스 추워질 때면 그 넓은 잎을 떨궈 운동장에 이불을 펴 주고, 햇살로 길을 내고 보듬어 주었다. 강제로 가지를 잘린 가로수와 달리 우람한 팔뚝으로 거느린 숲은 아마존의 밀림 같았다.

나무는 무던하고 진득하다.

가장 곱고 말간 주홍빛 까치밥 두어 개 남겨 두면, 서릿발 눈보라 속에서도 감나무는 주인의 감빛 온기를 온전히 보시한다.

왁자한 잎들은 모두 본향으로 떠나고, 생선가시처럼 **뼈**만 남은 가지를 툭툭 털며 슬하의 어린 싹이 다시 찾는 봄날까지, 느티나무는 군불 없는 동구 밖 겨울을 지키고 있다.

잎이 넓어 품도 넓은 플라타너스다. 먼저 만든 그늘로 공양하던 깊은 음덕이 바람에 날린다. 적선으로 일관하고 한 계절 풍미하던 낭만이 거리에 나뒹군다.

선행도 적선도 없는 내가 성큼 밟기 염치없다.

그늘의 편애
이끼

양지는 '바른 곳'이라 하고 그늘은 '진 곳'이라 한다.

양지는 살 만한 곳이요, 음지는 꺼리는 곳이라는 인식은 사람이나 식물이나 매한가지다. 화려한 꽃 주변엔 호들갑 떨며 반기는 이 많으나, 작고 초라한 풀포기를 거들떠보는 이 흔치 않다. 볕살 들어 뽀송한 곳은 서로 눈독 들이나 그늘이 만든 침침하고 축축한 곳은 기피와 외면의 영토다.

태곳적 신비 안고 4억 년 전 처음으로 육상 생활에 적응한 최초의 식물로 그늘만 고집하는 생명이 있다. 그늘에 쏠린 사랑, 바로 이끼다. 작고 연약하여 존재감 없는 그가 지닌 무기는 집단의 힘이다. 깊고 푸른 숲속에도, 고목의 껍질에도, 콘크리트 계단에도 있는 줄도 모르는 사이 생명을 키우고 있다. 잎, 줄기, 그리고 뿌리의 구분조차 선명하지 않다. 뿌리가 있으나 땅에 얹혀 있는 정도로 있으나 마나 수분

흡수 작용은 거의 없는 헛뿌리다. 호수 위에 둥둥 떠다니던 초록의 물때는 온몸으로 공기 중의 수분을 흡수하여 외려 건조에 더 강한 식물로 진화했다. 자기 몸의 20배에 달하는 엄청난 양을 몸속에 저장할 수 있어 비가 오지 않을 때도 살아남는 지혜를 가졌다. 흙 없이 우주 공간에서도 생존할 수 있을 만큼 강한 생명력이다. 땅의 옷이요, 생태계의 보물이다. 땅과 하나 되어 있는 듯 없는 듯 점유한 영역은 경이롭고 신비하다. 1만 6000종의 대가족을 거느리고 작은 생물들의 먹이를 공급하며 오염물질을 정화시켜주는 큰일을 해 내지만, 낮고 젖은 자리엔 으레 있으려니 하고 대수롭잖게 치부한다.

이끼는 '잇기'다.

생명과 생명을 잇고, 식물과 동물을 잇고, 하늘과 땅을 잇는 숨통이다. 힘껏 빨아들인 수분과 양분으로 땅을 적시고, 생명 있는 것들에게 공생의 터전을 만들어준다. 시나브로 저장한 수분을 땅으로 흘려보내 마르지 않도록 부둥켜안고 풀을 키우고, 나무를 기르며 초록의 숲을 가꿔 대지를 숨 쉬게 한다.

이끼는 풍족한 종족이다.

이끼는 꽃이나 씨앗을 갖지 않고 포자가 발아하여 원사체를 만들고, 그 안에 든 엽록체로 독립영양을 한다. 그렇게 번족하여 늘 풍요롭다. 간신히 땅에 발을 딛고도 멀리 퍼져서 늘 넉넉하고 비옥하다. 어떤 생명체도 날아들면 품어서 살아갈 터전을 허락한다.

어머니라는 숲에는 늘 엄마 냄새가 있다. 이끼처럼 내밀하게 스며

들어 은밀하게 치유하는 신비한 향이다. 빼곡하게 덮여 있는 이끼들이 저마다 간직한 이름처럼 나만 아는 엄마 냄새다. 재료가 없이도 뚝딱 차려 내는 어머니의 밥상 또한 그렇다. 어머니는 늘 없는 살림에도 이웃에게 베풀 음식이 있고, 나누고 아우를 정이 있다. 자식이 원하는 것은 무엇이든 다 있고, 자신을 위한 것은 어디에도 없다. 정작 당신이 드시는 것은 늘 초라하다. 계란이나 고등어는 비려서 싫고, 귀하고 맛난 것은 배부르다 마다하신다. 자식 입에 들어가는 게 어머니의 독립영양이다. 그러고도 새벽부터 쉬지 않고 노동하시는 가공할 만한 독립적 노동력은 어디서 나오는 걸까. 시간의 퇴적 위에 움트는 이끼처럼 모정의 세월은 울울창창한 숲이라는 집이다. 어떤 허기도 달래 주는 숲, 어떤 허물도 덮어 주는 숲이다.

  고만고만한 이끼 가운데 솔이끼를 들여다본다. 저보다 낮게 깔린 것들을 사랑스럽게 내려다본다. 볕 쪼이려 내놓은 이끼 화분이 누렇게 시든다. 자식들 장성하여 그늘에 빛살들 때쯤, 그 빛 차마 못 보시고 서둘러 떠나가신 어머니를 떠올린다.

  어머니의 위치는 들 뒤란 같은 그늘이다. 자식들 통신표라도 잘 받아 자랑 삼을 양지에는 아버지의 복청이 반짝이고, 어머니는 슬며시 그늘로 숨는다. 저지레한 일이나 구차한 일이 있을 때만 여름 한낮 그늘 찾듯 어머니를 찾는다. 축축한 뒤치다꺼리는 어머니 손이 그늘 덮듯 다녀가면, 그늘 걷듯 거두어졌다. 아버지에게 들킬까 무서운 일은 어머니와 짬짜미해 놓기도 한다. 땅과 밀어를 속삭이는 이끼처럼. 이끼는 바위틈, 나무껍질, 그늘지고 외진 곳, 아무것도 자랄 수 없는 곳에 먼저 자리를 잡는다. 불시에 찾아오는 이에게도 바로 발붙일 터전을 다져주기 위함이다. 수분이 모자라면 잎을 돌돌 말아 살아남는 지혜를 터득했다. 이끼는 여리고 부드러운 존재만으로도 나무와 새와, 또 다른 생명을 부양한다. 곤충들의 서식지로 꾸며 놓은 초록의 양탄자는 자식들을 위해 아랫목에 깔아 두시던 어머니의 솜이불이다. 작은 체구로 가족을 건사하고 눅눅한 그늘을 자처하는 이 땅의 어머니는 만물에 육화된 존재다. 오랫동안 땅과 하나로 낮게 깔려 있어 존재마저 관심 두지 못했다. 소리 없는 손이어서 어머니 그 젖은 손을 잡아드리지 못했다. 이끼 위에 공손히 손을 얹는다.

구름, 찝찔한 그리움

 아침부터 하늘이 솜이불 한 채 꿰매고 있다. 늦가을로 접어들자 겨울 채비 서두른다. 어제는 명주실 같은 새털구름이 두루마리 풀듯 솜을 타서 펼쳐 놓더니, 오늘은 몽실몽실 뭉게구름이 바라만 봐도 아늑해서 나른해진다. 발치께 산자락 귀퉁이부터 누빔질을 시작한다. 설핏 불어오는 바람에 가늘게 눈을 찡그려 실을 꿰고, 구름 사이로 비스듬히 내리쬐는 햇살 아래 손놀림이 바쁘다. 촘촘히 잔누비질을 하다가 중간 중간 엇누비질을 한다. 가다가 맘에 차지 않는지 되누비질을 하기도 한다. 한쪽으로 밀쳐둔 누빔질 마친 이불이 서쪽 하늘 가장자리에 몰려오는 양떼로 떠 있다. 해가 설핏할 무렵에서야 골무 낀 손가락 쪽 하늘이 벌겋게 달아오른다.
 막 바느질을 마친 보송보송한 이부자리에 어둠이 벌렁 드러눕는다.

구름은 참 다양한 얼굴의 소유자다. 보는 이마다 제 처지와 기분에 따라 의미부여를 한다. 모양만큼이나 은유에서도 팔색조다. 대기 중 수증기가 응결, 승화하여 떠 있는 작은 물방울이거나 얼음의 결정체가 상공에 떠 있는 것뿐이지만 사람은 때에 따라 해석하고 비유한다.

변신이 팥죽 끓듯 해도 죄가 되기는커녕 외려 아름다움으로 추대되는 건 여자와 구름이다. 카멜레온처럼 제멋에 살기 위해 변신하는 여자와, 총천연색 기기묘묘한 모양으로 순간순간 변화무쌍한 구름은 눈 깜짝할 사이를 가만두지 못한다. 바라보고 있으면 시계바늘을 빨리 감기라도 하듯 순간순간을 탈바꿈한다. 구름의 속도를 감지하는 순간, 여유롭게 올려다보던 하늘이 현기증이 나고 초조해지기까지 한다.

단군 신화에는 환웅이 바람의 주술사 풍백과 비의 주술사 우사, 구름의 주술사 운사를 거느리고 내려와 농사를 주관한다. 농경 사회에서 구름은 성스러움과 풍요로움, 조화로움을 상징하는 존재로 여겼다.

'백운거사' 이규보는 구름처럼 얽매이지 않고 한가로우면서 변화무쌍한 구름의 정신으로 살고자 자신의 호를 택했다. 구름의 덕을 배워 만물을 이롭게 하고, 흰 구름처럼 가볍고 깨끗하기를 원했다. 매이지 않는 구름을 닮아 무아의 경지를 추구했다. 도교에서 말하는 이상향, 피안의 세계, 초월적 경지, 불로장생의 선계를 지향하고자 했다.

또한 아침 이슬과 함께 허허롭고 덧없는 인생을 상징하기도 한다.

장엄하게 피어나는 모양은 군자의 늠름함을, 머묾에 연연치 않고 소리 없이 걷히는 모습은 선비의 고결한 은둔을 상징하기도 한다.

'뜬구름 잡다'의 부운浮雲에는 허무맹랑한 요행이 무럭무럭 부풀어 오른다. '푸른 꿈'을 상징하는 '청운靑雲'에는 입신출세의 희망이 문실문실 자라고 있다. 그런 황당한 격차가 도사리고 있음에도 귀에 걸었다 코에 걸었다 인간은 맘대로 빌려다 쓴다.

또한 구름은 어둠과 그늘의 존재이며, 생성과 소멸의 실체다. 수없이 창조되나 존속할 수 없고, 끝없이 스러지나 영원히 사라지지도 않는다. 짙은 회색의 암울함과 무거움의 구름을 생각하면, '찬란하게 갠 하늘'을 기다리지 못하고 쓸쓸히 떠난 전혜린이 떠오른다. 방황의 끝, 우울의 터널 끝에 전제하고 있는 파란 하늘과 두둥실 떠오르는 흰 구름을 만나지 못하고 그녀는 떠났다.

그러나 '푸른 꿈속을 지나는 구름'을 발견하고 '아름다운 노래의 나직한 선율'을 노래하며 여유롭게 살다간 헤르만 헤세에게 구름은 무한한 사랑의 대상이다. 부적응과 실패의 연속이었던 젊은 시절과, 견딜 수 없는 마음의 황폐화된 우울로부터 탈출하기 위해 그림이라는 구름을 삼았다. 그리고 '그 순간이 견딜 없이 슬거운 기분'이었다고 말한다. 20세기를 대표하는 독일의 대문호이자 노벨문학상을 수상하며, 동서양의 조화로운 철학세계를 담아낸 화가요, 작가다. 그림을 그리고 글 쓰는 작업을 통해 마음의 깊이와 끝없는 그리움을 구름에 실었다.

한때 나는 편찮으신 아버지를 대신해서 돈을 벌겠다고 서울로 올라간 적이 있다. 난생 처음 집을 떠난 나는, 날마다 흘러가는 구름을 따라 부모님 계신 집을 갔다 오기를 반복했다. 구름 따라 집을 더듬다 이곳이 낯선 서울이라는 서러움에 눈물을 훔치고는 했다. 그러던 차에 '하늘을 나는 새도 제 새끼를 제가 품거늘 너를 객지에 내보내고 하루도 마음 편한 날이 없다'는 병석에 계신 아버지의 편지를 받고 기다렸다는 듯이 고향집으로 내려왔다. 돈을 벌어보겠다고 청운의 꿈을 안고 올라간 서울은, 망운望雲의 슬픔을 이기지 못하고 결국 짐을 싸고 말았다.

찻물이 끓자 찻상 위에 구름 꽃이 핀다. 자취도 없이 사라지는 수증기를 따라 얽매인 마음도 매듭을 푼다. 알싸한 녹차 한잔이 목을 타고 넘어가며 구름에 가 닿는다. 거기 찝찔한 그리움이 있다.

느티나무에 기대 보면

저녁 무렵 지나는 길에서 성자를 만났다. 양팔을 벌려 어서 와 안기라는 듯 넉넉한 품이다. 오냐오냐 끄덕이는 듯 인자하고 너그럽다. 너른 들판을 따라 가다 만나는 시골 마을의 정자는 아니어도 이 동네를 지켜온 푸근한 자태만은 여전한 느티나무다. 군데군데 동굴로 패인 몸에 콘크리트를 채우고 웅장한 풍채로 서 있다. 노을빛이 배경 되니 550년 나무의 나이가 더욱 근엄하고 자애롭다. 청주시 보호수 제115호라는 명찰을 달고 있는 나무는 높이가 20m, 나무 둘레는 4m가 넘는다. 차에서 내려 가까이 다가서니 서늘한 기운이 범접하기 어려운 엄숙함이 느껴진다. 세월의 무게가 툭툭 불거진 옹이에 500년의 풍상이 도장으로 찍혀 있다. 거대한 몸집으로 수많은 가지를 거느리고, 가로로 주름진 수피는 연륜의 껍질이 비늘이 되어 뚝뚝 떨어진다. 산처럼 울창한 숲을 지켜내느라 나무는 얼마나 속울음을 삼켰을까. 폭풍우 몰아치고 천둥 번개 치는 날은 같이 울고, 귓속말로 속삭이는 햇살과 만나면 같이 흐뭇했으리라. 얼마나 많은 새들의 보금자리를 위해 자신의 겨드랑이를 내주었을까. 여름내 매미의 울음을 들어 주고 잎으로 눈물 닦아 주었으리. 바람의 투정은 또 얼마나 다독였을까. 무게를 견디지 못해 지지대에 몸을 기댄 채, 그대로 의연한 성자다. 나무가 서 있는 곳은 경로당 마당이다. 엄밀히 말하면 마당이랄 것도 없이 사람이 다니는 한길이다. 나무에 붙여 경로당이 있으니 자연스럽게 마당인 셈이다. 세월이 파놓은 상처를 고스란히 감싸 안고, 나무는 가지를 뻗고 잎을 키우고 있다. 양팔을 들어 경배하듯 마을 어른들의 장수를 기원하는 자세다. 거목이 서 있기에는 옹색해 보이나 나무를 비켜 길이 우회한 것으로 보아 마을 사람들의 관심과 배려를 받고 있다는 안도감이 든다.

아버지 자전거 뒤에 앉았다. 무섭다고 안 탄다는 나를 위해 꽃무늬 방석을 노끈으로 묶어 깔아 두셨다. 아버지를 꼭 붙잡기만 하면 아무 일 없다고 못 박듯 안심을 심어주신다. 시장으로 가는 지름길은 비포장 도로였지만 아버지는 살살 페달을 밟아 포장도로로 돌아서 가셨다. 겁에 질려 눈을 꼭 감고 가던 나는 어느새 스쳐가는 가로수를 세고 있었다. 아버지 허리를 꼭 잡고 아버지 등에 얼굴을 기대고 있으니 무섭기는커녕 아늑하고 고소하기까지 했다. 아버지 허리가, 아버지 등이 카시미론 이불보다 더 부드럽다고 생각했다. 겁먹을 때와는 달리 지구 끝까지라도 갈 수 있을 것 같았다. 아버지를 그렇게 꼭 안아

본 일은 그때가 처음이었고 그 후로는 아무리 기억하려 해도 기억나지 않는다. 그때 아버지의 굽은 등은 마르고 딱딱했지만 새털처럼 포근하고 아늑했다. 기댄다는 말은 참 듬직하고 든든하다. 내 아이에게 언덕이어야 할 지금의 나이에도 아버지 등은 여전히 기대고 싶은 그리운 언덕이다.

　오늘도 건널목에서 느티나무 아래 선다. 걸어 다니는 출퇴근 건널목에서 만나는 즐거움이다. 몇 백 년을 살아온 거목에서 느낄 수 없는 손자의 손자뻘 쯤 되는 풋풋하게 어린 나무다. 이곳 내덕 칠거리 확장공사 후 있었으니 몇 년이 되지 않았다. 나는 신호를 기다리며 투실투실한 나무의 수피를 쓰다듬기도 하고 그에게 말을 걸기도 한다. 그도 잎을 팔랑이며 곧잘 응수한다. 오동잎처럼 넓지도, 소나무처럼 뾰족하지도 않은 나뭇잎이 가볍게 나부끼는 몸짓이 사랑스럽다. 출근길은 스쳐가고 퇴근길은 한참 마주한다. 신호를 기다리며 올려다보면 어긋나기로 피어난 나뭇잎이 하늘에 박아 놓은 압화처럼 정갈하다. 달이라도 뜬 날은 나뭇잎 사이로 투과되는 달빛과 눈이 맞아 신호를 놓친 석노 여러 번이다. 참새 혓바닥처럼 보드랍던 잎늘이 여름이면 빗물 받는 소리를 낼만큼 하늘을 덮는다. 시월로 접어든 요 며칠 사이 가지 끝부터 발그레 물들기 시작한다. 어제 그제가 다르고, 오늘은 더 짙다. 언젠가는 버거운 삶의 무게로 지지대의 부축을 받고 있는 550년 느티나무를 떠올리니 단풍드는 어린 나무가 애잔하다.

잠깐 틈이 나면 미술관 앞 잔디밭을 한 바퀴 산책한다. 느티나무 벤치 아래 한가하게 가을을 즐기는 이들을 바라보는 것만으로도 내게는 일상이 소풍이다. 나란히 느티나무 7그루가 '국립현대미술관'과 '문화제조창'의 건물 지킴이요, 잔디 광장의 풍경 지킴이다. 가지치기를 많이 하여 본래 느티나무의 풍모를 유지하지는 못했지만 세월이 지나면서 듬직한 모습을 드러낼 것이다. 옛 '연초제조창'에서 문화의 메카로 거듭 태어난 '문화제조창'의 역사를 한 몸에 지닌 산 중인이자 버팀목으로 이곳을 지켜 주리라. 5천 년 전통의 한국 공예를 지켜나가는 '청주공예비엔날레'와 국내 최초의 개방 수장고가 공개되는 '국립현대미술관 청주'를 찾는 이들을 맞아 주고 배웅하는 안내자 역할을 하고 있다. 방문객의 쉼터요, 사색의 공간이요, 화합의 마당, 그 가운데 우뚝하다.

인적이 뜸해지자 귀뚜라미 소리가 느티나무 벤치에 와서 앉아 본다. 나도 가만히 다가가 느티나무에 등을 기댄다. 문득 나무의 온기가 아버지 체온처럼 저릿하게 전해진다. 훌쭉하고 따스하던 아버지 허리를 겨울 목도리처럼 폭 감싸 안고 싶다.

땅 씻는 일

 누가 새벽밥을 하나 보다. 쓱쓱 뚝 그쳤다 다시 쓱쓱, 쌀 씻는 소리가 들린다.
 아직 새벽 5시가 채 못 되었다. 창문을 열자 약수 물 같은 아침공기가 나를 밀치고 방안으로 침입한다. 박하처럼 상쾌한 침입자다.
 아직 잠에서 깨어나지 않은 고요한 새벽을 쓰는 소리다. 구부러진 등으로 청룡의 왼쪽 쓰레받기와 백호의 오른쪽 빗자루가 만났다 벌어지기를 빠르게 반복한다. 아침 안개가 뽀얀 우물에서 새벽을 퍼 올리는 손길이다. 어제 누군가 흘리고 간, 혹은 버리고 간 어둠의 조각들을 쓸어 담는다. 누군가 먹고 버린 못 먹는 어둠, 누군가 피우고 버린 못 피우는 어둠, 누군가 마시고 버린 못 마시는 어둠을 하나라도 놓칠세라 반짝이는 성스러운 눈이다. 아침 새보다 먼저 일어난, 우물보다 깨끗한 눈이다. 꿀꺽꿀꺽 받아먹는 쓰레받기의 순종이 구부린 등의 반려요, 위로의 동행이다. 아무도 보는 이 없는 시간, 새벽바람이 빗자루 사이를 통과하며 말갛게 걸러지고 있다. 오늘 하루 일용한 후 다시 더러워질 두루마리 화장지처럼 길게 풀려 있는 얼굴을 정성 들여 닦고 있다. 보도블록 틈 사이를 빠져나오지 못하는 타다 만 어둠의 군상들이 버티고 있다. 구부린 등은 고개를 숙여 몇 번이고 손을 뻗어야만 한다. 구경꾼이던 나는 자세를 고쳐 앉는다. 아무도 보지 않는 곳, 보이지 않는 틈 사이 먼지를 건져 올리는 새벽 같은 마음을 배우게 하소서. 쌀 씻는 일보다 거룩한, 땅 씻는 일이다.

ㄹ과 ㅁ

'그림'의 동사는 '그리다'이다. '글'의 동사는 무엇일까 생각해보면 역시 '그리다'라고 생각된다. 그림은 한 장의 ㅁ이라는 빈 공간을 채워서 완성한 것이라는 뜻이 아닐까 하고, 글은 받침의 ㄹ을 쭉 당겨서 술술 풀어 쓰라는 의미일 것 같다. 붓글씨를 쓸 때 겨우 흉내 내서 써 가면 '이게 그린 거지 쓴 거냐'고 핀잔을 듣곤 한다. 글도 결국은 소통을 위해 그려서 문자화한 것이니 말이다.

한글은 소리글자이지만 자음과 모음의 함축된 의미와 뜻을 찾아보는 맛이 있다. 『훈민정음 해례본』에 한글의 제자 원리가 사람의 발음 기관을 상형화하여 만든 최초의 언어이며, 백성을 위해 기획적으로 창제한 인류 역사상 최초의 일로 기록되어 있다. 그 속에는 천지인天地人 3재才의 원리가 들어있다. 고대 글자를 모방하거나 단순히 문살의 모양을 그려서 나온 글자가 아니다. 하늘과 땅과 그 가운데 인간을 담은 우주관과 자연관, 전통 과학의 심오한 사유와 이치가 담겨 있다.

그러나 나는 지금 음운학적, 음성학적 전문 지식을 말하고자 함이 아니라 우리말을 사용하면서 지극히 개인적인 어감과 느낌을 말할 뿐이다.

'ㄹ'은 비틀비틀하기도, 슬렁슬렁하기도 해서 느슨하게 풀린다.
'가을'은 'ㄹ'사이로 선선한 바람이 선듯 불어와 낙엽이 풀풀 날리는 연상 작용이 있다. '몸'에 비해 '꼴'은 제 생기고 싶은 형태를 취하는 자유분방을 추구한다. '길'은 길에 연하여 구불구불 'ㄹ'이 인도하는 대로 끝없는 골목으로 이어진다. '풀'은 '바람보다 더 빨리 눕고 바람보다 먼저 일어나는' 무한한 생명의 끈기가 치열하게 느껴진다. '돌'은 풍화를 지나 몇 천 번을 굴러 진토가 될까를 생각한다. 데굴데굴 어지럽게 재주넘기 하고 있는 'ㄹ'이 눈앞에 떠오른다. 그 가운데 제일 마음에 착 감기는 단어는 '물'이다. 'ㄹ'의 노골적이고 진지함을 찰랑찰랑하게 담고 있다. 구불구불 낮은 곳을 향해 유유자적 순리대로 흘러가는 계곡물이 연상된다. 나는 상선약수의 지순한 가르침을 배우고자 한다. 물길 따라 적시며, 고이며, 흘러서 부드러움 속에 지니고 있는 외유내강을 닮고자 한다. 아니 닮고자 애만 쓴다.
술, 쌀, 꿀, 실 등 모두 흐르거나 숫자로 헤아리기 어려운 부피의 명명이다. 'ㄹ'의 끝을 잡고 당기면 쭉 늘어나는 찰기가 느껴진다. 노란 고무줄의 위력 같은.

'ㄹ'의 유연함에 비해 'ㅁ'의 융통성은 쩨쩨한 편이다. 인색하고 가두기를 좋아한다. 첫 번째가 '사람'이다. 만물을 다스리는 지배자로 최고인 줄 아는 이기적이고 우월주의의 표상이다. 'ㅁ'은 구속이요, 정형화된 틀이다. 여름은 'ㅁ'속에 꽉 닫혀 있어 후덥지근하고 답답하다. '몸'은 규격화된 어떤 꼴을 상징하여 조건에 충실한 틀이다. '남'은 살아가는데 가장 큰 갈등의 제공자요, 관계의 묘가 요구되는 단단하고 빡빡한 상대다. '님'이라는 존재는 생각만으로는 달콤하나, 소유하고 관리하기에는 계륵처럼 다루기 어려운 'ㅁ'처럼 모난 존재다. '짐'은 드는 순간 바위 아래 깔린 듯 한시라도 빨리 벗어버리고 싶은 무게가 엄습한다. '잠'은 필요할 땐 꿀잠이만, 자서는 안 될 때 쏟아지는 잠은 천근만근 이겨낼 장사 없는 덫의 굴레다. '담'은 통행을 제한하고 소통을 단절하고 경계를 짓기 위한 통제와 제약의 장애물이다.

그러나 'ㄹ'과 'ㅁ'은 서로 양보하고 어깨를 걸기도 한다. '떨리다'는 떨림으로 '우리다'는 우림으로 '살다'는 삶으로 고리를 걸어서 완료의 집을 지어주기도 한다.

이런 소회는 순전히 나의 감정의 입맛이 느끼는 감별이다. 언어학적, 학술적 뒷받침을 전제로 하지 않으며 시시비비를 가릴 문제는 못된다.

식어 버린 차가 씁쓸하다.
 장군차 한 잔을 우리며 '그림'을 그릴까 '글'을 한 편 쓸까 하다가 애꿎은 'ㄹ'과 'ㅁ'을 만지작거리고 있다. 차는 'ㅁ'으로 고여 있고, 생각은 'ㄹ'로 꿈틀꿈틀 기어가고 있다.

비에게 맞다

빗소리가 지붕을 걷는다.

보폭을 넓게 한 발 한 발 천천히 내딛던 빗소리는 점점 빨라지더니 뛰기 시작한다. 도로 위를 달리던 자동차가 고인 빗물을 후려치고 쫓기듯 내달린다. 느긋하던 거리가 소나기를 만나자 허둥지둥 바빠진다. 찰싹찰싹 허연 물보라를 일으키며 차는 달리고 사람은 뛴다. 한바탕 소란 뒤에 빗소리가 거리를 점령한다.

창문으로 난입하는 빗줄기를 차단하고, 밖을 내다보니 땅바닥에 사정없이 분풀이를 하고 있다. 느닷없이 그 회초리 속으로 뛰어들고 싶다. 불같은 역정으로 쏟아지는 여름비의 화풀이를 한번 낭해보고 싶어진다. 빗속으로 걸어 들어간다. 찰싹찰싹 뺨을 때리는 빗줄기가 상쾌하다. 운동화가 젖을까 골라 밟던 쩨쩨함이 가소롭다. 콘크리트 바닥을 내려칠 땐 인정사정없더니 소리만 큰 할머니 매질처럼 푸근한 데가 있다. 머리가 받은 빗물이 얼굴을 타고 내려간다. 온몸을 흠씬 적시고, 전신을 씻어 내린다. 마음에 도사린 불편한 앙금마저 모조리 훑어간다. 빗줄기가 세차진다. 고개를 숙여 겸손하라 이른다. 맑은 날 즐겼으면 궂은 날도 견딜 줄 알아야 한다 이른다. 비를 꺼리면 궂은 날이지만, 비를 맞이하면 동행이라 이른다. 비 맞고 걷는 이 있거든 우산을 씌워주기보다 같이 비를 맞아보라고 이른다. 허울은 다 씻어버리고 알맹이만 남거라. 빗속의 나무처럼 의연해지리라. 우산의 면적만큼 옹졸하던 도량이, 빗속에 서니 배포가 탕탕하다. 흠씬 두들겨 맞고 나니 그 동안의 죄 값을 치른 듯 시원하다. 후련함과 개운함을 동시착용하기에 비만한 옷이 없다. 비를 맞아본, 비에게 맞아본 사람은 안다. 실컷 울고 난 후의 카타르시스 같은 쾌감을.

 보송한 옷으로 갈아입고 창가에 앉으니 빗소리가 바짝 내 옆에 와 앉는다. 앞집 자전거가 흠씬 비 맞는 소리다. 처마에서 떨어지는 물이 자전거 쇠 파이프를 때린다. 속이 비었을까, 실로폰 소리처럼 맑다. 플라스틱 빈병 위로, 묶어둔 쓰레기봉투에도, 스티로폼 박스에도, 비가 때리는 서로 다른 소리다. 통통 공허한 소리, 탁탁 튕기는 소리, 퍽퍽 힘없이 나가떨어지는 소리, 높고 낮은 소리가 누군가의 지휘를 받는 듯 불협화음 속 협연이다.
 빗소리는 청취자의 마음 날씨에 따라 서로 다른 환경 음악이다. 차 한 잔과 함께 사색하는 이에게는 명상의 소리가 되고, 잠에서 깨어 감상하는 빗소리는 아련한 그리움을 불러오기도 한다. 고향을 그리워하는 이에게는 처량한 노랫가락이 되고, 우울한 이에게는 웅크리면 들리는 이명처럼 들리리라. 마음이 달뜬 이에게는 한바탕 흥건한 난타 소리요, 이불을 끌어 덮는 이에게는 자장가의 선율이 될 것이다.

나는 빗소리를 들으면 그 어린 날의 노여움이 밀려온다.
땅바닥에 낙서를 하던 계집애는 빗낱이 떨어지자 부스스 일어난다. 노란 포플린 치마가 꼬깃꼬깃 허리춤에 따라 올라간다. 하루 종일 대문 앞에 앉아 혹시나 하고 기다렸지만 오늘도 엄마는 오지 않았다. 아이는 처마 밑으로 들어가서 다시 쪼그리고 앉아 한길 끝에 눈을 박는다. 길 끄트머리에서 옥색 치마를 휘날리며 보퉁이를 든 엄마가 구름처럼 떠오를 것만 같아 잠시도 눈을 뗄 수가 없다. 엄마는 3대 독자인 오빠를 데리고 외가에 갔다가 혼자만 돌아왔다. 체기가 있어서 외할머니가 다려 먹인 약이 화근이 되어 오빠는 다시 돌아올 수 없는 하늘나라로 갔다고 했다. 그 후 엄마는 매일 아팠다. 속앓이라고도 하고 화병火病이라고도 했다. 엄마는 점점 야위어만 가고 누워 있는 날이 길어졌다. 엄마를 데리고 아버지는 병원에 갔다 온다고 가셨다. 밤이 되어도 그 다음 밤이 되어도 엄마는 오지 않았다. 며칠 후에 아버지도 혼자 오셨다. 엄마가 많이 아파서 외가에서 약 먹고 나아지면 올 거라고 했다. 어린 마음에도 몇 밤 자면 되냐고 물어보지는 못했다. 대신 매일 대문 앞에서 엄마를 기다렸다. 자다가도 깨면 엄마가 신작로를 따라 걸어오는 것만 같아 뛰어나가 보았다. 막 달려가서 환하게 웃는 엄마를 와락 끌어안을 생각만 했다. '이젠 안 아프다'고 반질반질 쪽 진 머리에 치자 꽃처럼 하얀 이마의 엄마가 나타났다, 눈을 부비고 다시 보면 엄마는 없었다. 바람이 거세지고 처마 안으로 비가 쳐들어왔다. 옷은 흠씬 젖고 몸이 덜덜 떨렸다. 처마에서 떨어지는 물방울이 손바닥만 한 옹달샘을 만들더니 뚝뚝 눈물을 흘렸다. 추위와 서러움에 떨던 아이는 낙숫물을 따라 울기 시작했다. 빗속으로 뛰어들었다. 엄마가 아픈 걸 생각하면 이 까짓 비 젖는 건 상관없었다. 아이는 소리쳐 울었다. 쏟아지는 빗소리가 아이의 우는 소리를 뭉갰다. 아이는 빗소리에 지지 않으려는 듯 더 크게 울며 빗속으로 무작정 걸어갔다.

아이는 커서 비에게 흠씬 두들겨 맞은 뒤에는, 치자 꽃처럼 향기로운 엄마와의 만남이 무지개로 뜬다는 것도 안다.

소리 수집

9월은 색채와 함께 소리 수집하기 좋은 때다.

가을의 어귀인 9월 초입은 아직 미숙한 색보다 익숙한 소리가 더 친근하게 다가온다. 여름과 가을을 겸상하고 있는 9월은 소리가 풍성한 계절이다. 여름이 흘리고 가는 소리와 가을이 들고 오는 소리, 그 둘이 서로 만나 차려 내는 소리 반상이다. 반상의 뚜껑을 하나씩 열면 저마다 다른 깔과 결이 앙상블을 이루어 가을을 연주한다.

이른 가을의 소리를 배웅하러 나선다. 미호 강변을 따라 까치내를 걷는다. 미호강은 천연기념물 황새와 세계 유일 종 토종 물고기 미호종개가 있는 곳이다. 반짝이는 수면 위로 은빛 등이 잠깐 치솟을 때마다 혹시 미호종개일까 하고 유심히 바라본다. 맑은 모래톱 위를 3줄 반점 지느러미를 하늘거리며 요리조리 움직이는 재빠른 몸놀림을 떠올려본다.

강을 건너 온 바람이 갈대숲을 쓰다듬으며 시원하게 불어온다.

물소리, 바람 소리, 낚싯줄 던지는 소리, 물새들 날갯짓하는 소리, 나무를 건너다니며 지저귀는 새소리, 억새가 몸 부비는 소리가 한데 어울려 협연을 한다. 조용히 흐르다 작천보(까치내보)에 이르러 가던 길을 멈춘 강물에 하늘이 담겼다. 산도 나무도 주변의 아파트까지 다 들어왔다. 물속이라는 커다란 화폭에 물결로 붓질하고, 물빛으로 덧칠한 대작을 그렸다. 가까이 다가가 들여다보니 윤슬에 눈이 부신 물고기들이 튀어 올랐다 잠기는 소리가 퐁퐁 멀리 탁구 치는 소리처럼 들린다. 우르르 날아들었다 푸르르 날아가는 새들의 날갯짓 소리가 공기를 접었다 펼친다. 강물을 벗 삼아 차박 캠핑을 하는 이들의 기타 선율이 수면을 타고 빛으로 흐른다. 파크골프장에서 운동하면서 틈틈이 강물에 눈길을 빼앗기는 이, 낚싯대를 드리우고 뚫어져라 수면을 쳐다보는 이, 나는 골프 점수가 어떤지, 고기가 잘 잡히는지와 관계없이 풍경만으로도 즐겁다. 보洑에 머물며 그림 한 폭을 마무리한 물길이 구령에 맞추어 추락하더니 뒤도 안 돌아보고 흘러간다. 흐르는 물은 멀어져가며 반반하게 수면을 고른다. '고요하지 않으면 멀리 다스릴 수 없음非寧靜無以致遠'을 나직이 타이른다. 때마침 청주공항에서 비행기 뜨는 소리가 '알아들었느냐' 고 귀에다 종주먹을 댄다. 하늘 길에는 비행기가 날고, 물길에는 물이 흐른다. 자전거를 탄 이들은 자전거 길을 달리고 행인들은 오솔길을 따라 걷는다. 각자의 길 위에서 가을을 들으며 가을을 느낀다. 주어진 길을 따라 가는 일만큼 아름다운 일은 없다. 순리는 진리요, 섭리다. 그 길을 따라 계절도 오고, 그

길을 따라 소리도 빛도 따라온다.

  가을의 선두에는 의당 귀뚜라미 선창이 있다. 풀숲을 따라 풀 돋듯 귀뚜라미 울음도 돋아난다. 발자국 소리가 가까워지면 뚝, 풀잎 꺾이듯 그쳤다 다시 이어진다. 막 피기 시작하는 갈대꽃이 줄기와 잎 사이 통통하게 부풀어 오른 집속에서 배시시 머리 풀고 고개를 든다. 막 피어난 갈대꽃 머릿결이 수분을 머금고 찰랑찰랑하다. 갓 출생한 만물은 나긋나긋 유연하다. 한줌 푸석해진 머리가 된 나도 그랬을 것이다. 실크처럼 보드라운 촉감에 자꾸 쓰다듬고 싶어진다. 보랏빛도 자줏빛도 아닌 오묘한 빛깔로 개화를 시작하는 들판은 가히 환상적이다. 갈대숲 전체가 동시 다발적으로 갈대꽃 출산 중이다. 지나갈 때 다르고 돌아올 때 다르다. 해산을 하고 있는 대궁도, 피어나고 있는 갈대꽃도 가을볕에 몸을 말리고 있다. 매초롬히 빗질한 자갈색 머리채를 늘어뜨리고 바람이 불어올 때마다 알싸한 꽃향기와 함께 일렁이는 소리를 들어보라. 눈과 귀와 코가 행복하다. 검은색이 머리색의 진리로만 알고 있는 나도 자갈색 갈대꽃 빛깔로 염색 한 번 해보고 싶은 욕심이 생긴다. 빛바랜 머리칼 풀어헤치고 서걱서걱 '임금님 귀는 당나귀 귀'라고 빌고하는 마른 갈대숲이 아니다. 고추잠자리도 갈대꽃 향기에 이끌려 빙글빙글 맴돌고 있다. 모기는 떠나기 싫다고 귓가에 윙윙 앙탈을 부리는데, 긴 다리로 물가를 거니는 백로는 발소리조차 없다. 성큼성큼 걸어서 잽싸게 물고기 낚아 올리는 모습만 보일 뿐이다. 부쩍부쩍 하늘 키 크는 소리, 우렁우렁 가을 시냇물이 익어가는 소리를 눈으로도 듣는다. 왜가리 한 마리가 푸드덕 날아오르며 소리를 보탠다.

'결초보은結草報恩' 고사를 지닐 만큼 질긴 수크령도 바람이 겨드랑이를 간질이자 온몸을 흔들며 웃어 젖힌다. 싫지 않은 몸짓이다. 가을 들판을 대표하는 얼굴 마담 역할은 뭐니 뭐니 해도 억새꽃이다. 건조하고 척박한 곳에서 억세게 자라나서 풍요와 희망을 주는 가을의 상징이다. 갓 피어나는 꽃송이가 아직 목을 가누지 못한 채 다소곳하다. 단발을 한 듯 피어나는 억새 꽃잎은 머지않아 백발의 머리를 쓸어 올린 노신사의 풍채를 갖추리라. 억새 숲으로 바람 걸어가는 소리가 쏴아쏴아 파도 소리를 낸다. 지금 내게로 불어오는 바람 소리에 귀를 기울여본다.

저마다 풍요를 노래 부르는데 어디서 신음 소리가 들린다. 장마에 떠내려오다 물 수위에 걸린 잡풀을 한 아름씩 어깨에 걸고 힘겹게 서서 앓고 있는 느티나무다. 이미 몸의 한쪽에 병색이 완연하다. 한두 그루가 아니고 심기도 많이 심었다. 이곳의 모든 느티나무가 하나같이 죽어가고 있다. 이 늪지에 어쩌자고 느티나무를 심어 놓았을까. 나무가 살 땅은 나무에게 물어봐야 하지 않을까? 돌아오는 길은 느티나무 신음 소리만 귀울음으로 따라온다.

오월의 배후

오월의 아침 햇살은 다정하다.

이팝나무 가지 끝으로 스며들어 연둣빛 눈웃음을 짓다가, 하얀 이를 드러내고 웃음꽃이 피기 시작한다. 이내 자지러진다. 이팝나무 웃음소리 잦아들면 나풀나풀 하얀 나비가 하나둘 모여들어 눈부시게 환한 화관을 쓰는 건 산딸나무다. 나비 날개처럼 파르르 떨리는 리본 꽃잎은 예수님의 부활일까 순결하고 성스럽다. 아리도록 하얗게 흐드러진 찔레꽃도 달콤한 향으로 눈길을 끈다. '유일한 사랑'이란 꽃말처럼 산사나무는 여기 저기 오직 한 님을 위한 꽃다발을 들고 기다리고 있나.

저마다 장만한 초록의 피륙으로 단장하고 오월은 온다. 흐리고 옅은, 빠르고 더딘 가장 호사스런 녹음의 향연이다. 넘실대는 보리밭 푸른 물결과 싱그러운 신록의 계절은 저마다 출발이다. 꿈을 싣고 달린다.

  차에 올라 시동을 켜자 슈만의 〈기적처럼 아름다운 오월에〉가 흘러나온다. 아침마다 아이들 등교시키는 일이 시골생활의 기분 좋은 일상이다. 데려다주고 나야 내 하루의 시작이다. 계절 가운데 여왕이요, 하루 중 아침이다. 도약하는 생명들의 민낯이 생기로 파르스름하다. 차 안을 들여다보는 아침 햇살도 생긋 웃는다.
  길 위로 내려앉은 햇살이 보드라운 벨벳을 펼쳐준다. 나도 달린다. 잠시 신호를 기다리는 동안 중간놀이 시간에 뛰어놀 이야기로 아이들도 신이 나는 오월 아침이다. 차창 밖으로 펼쳐진 산천이 생동감으로 충만하다. 슈만의 가곡은 달콤하고 조용하다.
  내게 속삭이는 사랑의 고백인 양 음악에 취한 그 순간 '쿵' 하고 서 있던 차가 흔들린다고 느끼는 찰나, 앞을 가로막는 검은 물체! 맞은편에서 과속으로 달려오던 25톤 덤프트럭이 정차하고 있는 내 차를 들이받고 멈춰 섰다. 눈앞에 내려진 암흑의 휘장은 나의, 아니 우리 가족의 일상을 송두리째 정지시켰다. 하얀 꽃이 흐드러진 오월은 긴 수렁 속으로 미끄러져 들어갔다.

  오월! 연둣빛 생명을 시작으로 온 천지를 신록으로 물들이는 축복인 줄만 알았다. 초록의 이파리는 봄을 장식하는 당연한 소품으로만 알았다. 목련이며 찔레꽃이며 산딸나무 순백색이 계절을 그리는 바탕색인 줄로만 알았다. 이팝나무 하얀 꽃이 눈송이처럼 소복할 때, 고봉으로 퍼 담은 흰 쌀밥의 위로가 허기진 눈물의 거죽인 줄 몰랐다.

겨울을 견뎌낸 마른 가지가 살을 찢고 촉을 밀어 올리기 위해 얼마나 아팠는지 같이 아파 보지 않았다. 노르스름한 여린 싹에 진초록 성숙을 물들이기 위해 얼마나 숨을 몰아쉬었는지 짐작하지 못했다. 하얗게 피워 올린 청정무구한 빛이 생존전략을 위한 몸부림이라는 연민을 품어보지 못했다. 저마다의 꿀과 향기와 화분을 위한 발버둥의 결실이었음을 헤아리지 못했다. 어쩌다 흰색을 숭상하는 백의민족의 표상이라고 미화시킬 줄만 알았다. 눈부신 순백의 설레는 환희는 임종 앞에 놓이는 가장 슬픈 눈물의 앙금임을 그해 오월을 건너고 알았다.

오월의 수렁은 깊고 멀었다. 뻘에 빠진 새가 빠져나오려 한 발을 들면 다음 발은 더 깊이 빨려 들어가는 이유를 내가 빠지고 나서야 알았다. 병원이라는 늪에서 비몽사몽 빠진 다리를 건져 올리는 훈련만 하는 사이, 계절은 한 바퀴를 돌고 다시 오월이 천연스럽게 왔다. 나의 오월은 일 년 전 그날로 접혀 있다. 휠체어에 의지해서 처음으로 병실 밖으로 나왔다. 복도 끝에서 접혀 있는 오월을 펼치자 화단 측백나무 가지 끝으로 연하디 연한 새순이 뾰족이 피어나고 있었다. 나는 나무를 끌어안고 오열했다. 살을 찢어 새살을 밀어 올리는 13번의 고통을 견디고 나서였다. 오랜 시간 나무의 곁을 떠나지 못했다. 동병상련의 동지애였을까? 나는 그 순간을 떠올리면 지금도 온몸에 전율이 돋는다. 어두운 청록색 해묵은 잎 위로 막 돋아나는 연초록의 비약이 가슴에 낙관으로 찍혔다. 뚝뚝 떨어져 핏물 낭자한 옷을 얼마나 헹구면 제 색을 찾을까. 내가 태어난 오월은 또 다른 오월에 그걸 알게 해주었다.

겨울비 안개 속에

겨울비는 자비요, 누비다.
그늘진 담장 아래 동상 걸린 민들레 뿌리를 쓰다듬는 자비慈悲요, 살을 에는 찬바람에 머리 희끗희끗한 앞산 산허리를 둘러 주는 누비옷이다. 요지부동 얼어 있는 냇물 위로 폭신한 안개이불을 다독다독 감싸준다.

홀연히 찾아온 포근한 겨울비는 선물이다. 단단한 채비로 각오하고 나온 터라 수긋한 날씨가 더 훈훈하게 느껴진다.
깊숙이 손을 찌르고 종종거리던 걸음이 느긋해진다. 둘러보니 산도 나무도 뽀얀 누비옷에 얼굴을 묻고 있다. 운무로 온몸을 감싸고 빠끔히 내다보는 앞산 경치에 이끌려 길을 나선다. 가다가 산이 입은 누비옷 자락에 손을 넣어 보면 쌔근쌔근 잠자고 있던 봄이 깜짝 놀라겠지. 산도 들도 나무도 솜털의자에 몸을 맡긴 듯 안락해 보인다. 바라보고 있는 나도 그렇다. 날씨는 사람을 매몰차게도, 너그럽게도 한다. 내 한 몸 풍한만 피하려 바삐 가던 걸음이 눈길 닿는 곳마다 김나는 찻잔처럼 따스하게 머문다. 앞이 훤히 뚫리는 듯하다가 내川가 흐르는 곳에 이르면 한 치 앞이 보이지 않는다. 물 위로 피어오르는 안개는 다 쪄진 시루떡 솥뚜껑을 열어젖힌 부엌처럼 난분분 자욱하다. 안개를 들추기만 하면 여기저기 몽글몽글 꽃망울이 만져지고, 버들강아지 눈 뜨는 소리 들릴 것만 같다.

안개는 오늘처럼 매서운 겨울날 사뿐히 내려와 너그럽게 인자하기도, 맑은 날 느닷없이 찾아와 갈피를 잡을 수 없는 오리무중에 빠뜨리기도 한다. 한겨울에 만나는 봄비 같은 겨울비는 꽃비지만, 촛불 같은 봄날 시샘하는 진눈깨비는 폭군이다.

모락모락 피어오르는 물안개에서 갓 우려낸 우전 향기가 느껴지는데, 불쑥 나타난 안개 차일이 가로막는다. 눈꺼풀에 힘을 실어 길을 더듬는다. 그윽한 운치에 넋을 놓고 바라보다가 턱 앞을 가로막는 안개에 시야는 차단된다. 산을 돌고 물을 따라 베일에 가려진 휘장을 걸으며 가는 길은 남실거리는 안갯빛 묘취가 흥건하다.

지나고 보면 살아온 길이 안개속이다.
예술이라는, 예쁘기도 슬프기도 한 천직으로 남편과 아들은 대를 잇고 있다. 흙과 도자기로만 살아갈 수 있는 별천지라면 우리 가족은 참 우월하고 행복한 개체 집단이다. 각자가 손질, 발질로 탄생시키는 창조물의 희열에 벅차고, 그 만족감으로 복되다. 소유하지 못한 부동산 대신 집채만 한 자부심과, 동산보다 큰 무형의 소질을 보유하고 있는 부자富者다. 그들을 바라보는 나 또한 저 좋으면 그만이지 '돈이 되는 짓이냐'고 따져본 적 없으니, 통장 잔고나 아파트 평수로 겨루기만 하지 않으면 관이 향기롭고 높은(?) 족속이다.

 평생 하고 살 일을 부여받은 우리는 전 재산을 털어 남편 작업장과 보금자리를 짓는데 5년이라는 긴 세월을 바쳤다. 한 푼이라도 절약하기 위해 남편은 포크레인을 직접 몰고, 나는 하루 5끼의 인부들 끼니를 해 대며 설계부터 공사를 직접 수행했다. 지성이면 감천이라는 굳은 믿음으로 온 정성을 바쳤다. 그러나 믿음은 깨질 수도 있기에 믿음이었다. 긴 공사 끝에 한 숨을 돌리고 우리가 해낸 일들을 대견해하고 있을 때, 맑은 하늘에서 안개가 우리를 덮쳤다. 날벼락 같은 교통사고로 오랜 병원 생활이 이어졌다. 휠체어에 앉은 채, 우리의 전부였던 작업장과 집을 넘기겠다는 경매장에 도장을 찍었다. 경매라는 안개가 얼마나 짙고 오래 끼어 있을지는 안개나 알 일이었다. 교통사고에서 건져진 목숨만으로도 감지덕지하는 중에 안개는 점점 짙은 농도로 밀려오고 바로 한 치 앞도 보이지 않았다. 해는 이튿날도 그 다음 날도 안개에 가려서 보이지 않았다. 나무도 나무를 보지 못하고 산도 산을 보지 못했다. 눈을 치켜뜨다 부릅떠 봐도 보이지 않았다. 길게 뻗은 늪에서 다리는 빠지지 않았다. 무엇을 지우려는 속셈인지, 무엇을 가리려는 꿍꿍이인지 안개는 그물 안에 오랫동안 우리를 가두고 있었다.

　아니 개고는 못 배기니까 안개다.
　깔린 안개는 걷히고 가려진 햇살은 드러난다. 안개 속에 묻혀서도 짯짯한 햇살의 결기를 꿈꿀 수만 있다면. 아슴푸레한 안개 속에서 또렷한 의식의 흐름을 지속할 수만 있다면. 안개의 커튼 너머 저쪽을 기억하고 있다면. 멀건 안개 가뭇없이 사라진 자리에 태양은 다시 떠오른다. 그러나 사는 동안, 곡비哭婢같이 목 놓는 안개는 말고, 잠시 머물다 바로 사라지는 맛보기 안개만 만나고 싶다.

제4부

머뭇거리는 종소리

넋을 기리기 위한 영종각 앞에
가만히 다가가 타종을 해본다.
은은하게 퍼져야 할 종소리가
백마강 물살 위에 머뭇머뭇 흐르지 못하고 서성인다.

돌아온 해와 달

연오랑 세오녀

    호미반도 파도 소리를 만나러 가는 날은 구름 빛이 먼저 와서 날 기다리고 있다. 살다가 고인 물처럼 무료한 날은 바다의 옛이야기를 찾아 나선다. 공원에 내리자 그리던 바다 내음이 와락 안긴다. 살아 있는 싱싱한 바다 냄새다. 하늘도 내려와 바다에 이마를 대고 풋풋하고 비릿한 바다 향을 맡는다. 낮은음자리표로 깔린 날씨가 파도 소리와 갈매기 소리를 더욱 또렷하게 들려준다. 잔잔한 바다의 선율이 평화롭고 그윽하다. 햇살은 구름 속으로 비켜서 조명을 조절하고 있다. 바다와 하늘이 빚어 내는 쪽빛 농도를 감상하기에 더없이 좋은 날씨다. 빛의 반사 없는 솔직하고 담백한 푸름의 결이다. 그 운치와 한적함을 독점하고 싶어 나는 흐린 날의 바다를 좋아한다. 바다와 독대하기에 최적화된 아늑함이다. 내려앉은 하늘과 잔잔한 파문의 바다가 연오랑 세오녀 이야기를 비단 짜듯 엮고 있다. 잘 정돈된 길을 따라 일월대에 오르니 동해의 끝이 하늘의 시작이다. 바다는 하늘을 지우고, 하늘은 바다를 마신다. 영일만이 한눈에 들어오는 일월대에서 오늘은 해와 달 대신 파랑波浪을 관조한다. 밀려갔다 밀려오며 파도가 써 내려가는 문장을 읽는다. 목청을 돋워 빠르게 소리치다가 조곤조곤 타이르며 어르기도 한다. 하얗게 거품을 물고 목울대를 세워 설득하기도 하고, 조용히 눈을 감고 묵상의 시간을 허락하기도 한다. 철썩철썩 파도소리는 나를 철들게 한다. 거대한 파고 앞에 튀어 오르는 물방울 하나만큼도 안 되는 작은 존재의 겸손을 다시 생각한다. 그리고 끝없이 펼쳐진 바다의 평정을, 그 평정 아래 요동치는 수많은 생명의 치열한 몸부림을 듣는다. 세차게 철썩이는 파도가 웅크리고 있는 나를 깨운다. 살아 있음의 희열을 일깨운다. 물 따라 빛 따라 이야기도 흐른다. 정해진 일정이니 오늘은 일월신화의 전설만 듣고, 또 다른 날을 위해 이 아름다운 바다를 아껴두기로 한다.

바다 위의 푸른 언덕에 세오녀가 건네준 비단을 보관한 귀비고貴妃庫가 바다를 마주하고 서 있다. 정원의 나무솟대는 여전히 연오랑을 그리던 세오녀의 애틋한 눈빛으로 바다 그 너머를 응시하고 있다.

일연의 『삼국유사』에 의해 전해지는 내용으로, 신라 제4대 아달라왕 4년 동해변에 살던 연오랑延烏郞 세오녀細烏女 부부 이야기다. 어느 날 연오는 바닷가에서 해조를 따던 중 홀연히 나타난 거북모양 바위에 실려 일본으로 가서 왕이 되었다. 그 뒤 세오는 남편을 찾아 나섰다가 역시 바위에 실려 일본으로 가게 되고 연오의 귀비가 된다. 그 뒤 신라에서는 해와 달이 빛을 잃게 된다. 훗날 그들 부부를 찾아 나선 길에 세오가 짠 비단을 가져오게 된다. 그 비단을 놓고 제사를 드렸더니 다시 해와 달이 빛을 되찾았다는 설화다.

귀비고 앞 공원에는 그때 일본에서 명주를 싣고 온 쌍 거북바위가 바다를 향해 엎드려 있다. 장수와 복덕의 상징답게 5미터나 되는 거대한 몸집이다. 연오와 세오의 정기를 품어 늠름한 형상이다. 돌담으로 둘러쳐진 도기야 댁 대청마루에도 바다가 담겼다. 건너 창문으로 보이는 영일만이 액자로 걸려 있다. 처마 끝에 매달린 풍경도 바다를 향해 입을 벌려 몸을 흔든다. 이곳의 만물은 생물이든 무생물이든 모두 바다를 향하고 있다.

일본식 정원의 인공미와 한국식 정원의 자연미가 묘한 대비를 이루며 나란하다. 작은 정원에서도 나라의 정신과 정서가 그대로 그려진다.

태양 속에 산다고 알려진 삼족오三足烏의 까마귀가 연오랑과 세오녀의 이름 속에 들어 있다. 농경사회에서 하늘과 땅을 연결하는 존재로 하늘에서 내린 군주를 상징하는 까마귀는 빛의 상징이다. 잃어버린 빛을 되찾아 온다는 말은 나라의 존망을 상징한다. '연오'의 '늘이다, 잇다'의 뜻을 가진 '연延'과, '세오'의 '가늘다'는 '세細'의 의미에서도 '세금세공기술'이나 '가는 실'의 의미가 내포되어 있다. 신라 양탄자 '모전毛氈'이 두 사람의 이름에서 자연스럽게 연상된다. 신라만의 독창적인 문양과 염색 기법을 보유하고 있던 당시의 배경이 설화로 꽃피었음이리라. 신라의 제철기술인 금속 기술, 비단 직조 기술,

도자 등 우리 문화가 건너갔음을 연오가 일본으로 갔음으로 시사하고 있다. 가장 화려한 금속 문화를 꽃피웠던 신라를 고대 일본인들은 '눈부신 금과 은의 나라'라고 선망했다. 고분에서 출토된 금관, 금 귀걸이와 목걸이, 금동신발, 은제 허리띠 등의 껴묻거리와 정교한 조각 기술이 꽃 피운 금동불상 등이 신라가 황금문화였음을 또렷이 말하고 있다.

귀비고를 나오는데 파도 소리가 따라 나선다. 아직 들려줄 말이 많단다.

물결 따라 간 빛은 돌아왔지만 여전히 돌아오지 못한, 돌아와야 할 보물이 너무 많다고 파도는 거품을 문다. 그 당시 일본에서 최고의 인기였던 신라의 양탄자는 지금 일본의 보물이 되어 있다고 바위를 휘돌아 다시 한 번 소리친다. 실크로드의 동쪽 종착점이라 불리는 일본의 정창원正倉院에는 신라 금, 신라 먹, 방짜유기, 은수저 등 돌아오지 못한 신라의 해와 달이 잠들고 있다는 걸 알고 있느냐고 내게 따지며 따라온다.

머뭇거리는 종소리

백마강

햇살 아래 윤슬이 비단 폭으로 넘실댄다. 그 위로 황포돛배가 미끄러지듯 떠간다. 돛배가 지나간 자리 하얀 물결이 길을 낸다. 인솔하는 기러기 따라 열을 짓듯, 물 주름이 배의 양 날개 되어 뒤따른다. 돛대를 앞세우고 유유히 떠가는 유람선은 오늘의 풍경이요, 저 멀리 성냥개비처럼 가느다랗게 가로 놓인 다리는 아득한 백제의 역사이리라. 강물과 하늘이 만난 수평선 그 너머에서 나당 연합군과 치열하게 격전하던 백제군의 절규가 아스라하게 들린다.

123년간 백제 문화의 찬란한 꽃을 피웠던 도읍지 부여. 그곳은 패망의 핏빛 쯫이 스러진 곳이기도 하다. 전라도 장수에서 출발한 물줄기가 굽이굽이 비단 결처럼 흐르는 금강은 이곳에 이르러 낙화 흩어진 통곡의 강이 되었다. 불어오는 바람조차 스산하고 쓸쓸하다. 깎아지른 절벽 위로 솟아오른 바위 꼭대기 백화정에 올라 백마강을 내려다본다. 적군에게 죽임을 당하느니 스스로 치마폭에 얼굴을 묻고 투신을 각오한 비장함이 서슬처럼 푸르다. 꽃잎처럼 떨어진 목숨들이 중첩되어, 반짝이는 물결이 외려 처연하다.

 백제의 마지막 왕성인 사비성의 역사를 떠올리니 바람에 펄럭이는 누런 황포마저 쓸쓸하게 느껴진다. 황산벌 싸움에서 말발굽 아래 무참히 스러진 목숨과, 강물에 투신한 이름 없는 여인들의 원혼을 애무하듯 백마강은 유장하다. 그 흐르는 강을 품고 있는 산들은 멀리 하늘과 맞닿아 무거운 입으로 나앉았다. 백화정에서 둘러보니 6각의 기둥 사이로 6폭의 산수화가 액자로 걸려있다. 강 건너 너른 들판 사이로 난 신작로가 두루마리 화장지처럼 하얗다. 산모퉁이를 휘돌아 꺾여 있는 길을 따라 전설도 흐르고 역사도 흐른다.

 난간에 서서 아래를 내려다본다. 고소 공포증이 심한 내게는 낭떠러지의 물살만으로도 움찔한다. 그러나 어디를 둘러봐도 3천 명이 투신하기에는 옹색하다. 입장하듯 줄지어 서 있기에도 역부족이다. 막다른 곳에서 제 아무리 선택의 여지가 없다 한들 3천 명의 궁녀가 꽃잎처럼 떨어지기에는 수심도 면적도 가당찮다. 당시 인구 대비 궁녀의 숫자와도 거리가 멀다. 이곳 풍광의 운치와 역사의 수레바퀴 지나간 자리에 꽃잎 같은 전설일 뿐이다.

 700년 역사의 백제를 사치와 향락으로 멸망시킨 패망 군주의 대명사 의자왕. 나의 뇌리에는 호화롭게 금으로 장식된 의자에 앉아 3천 명이나 되는 궁녀들과 주색에 빠져 있는 방탕한 임금이 사진처럼 박혀있다. 역사 시간에 배운 사실과 내 나름의 각색이 덧칠해지면서, 흥청망청 술에 취해 지내다가 끝내 나라를 말아먹은 백제의 마지막 31대 의자왕의 이미지다.

전설은 극적이어야 전설답다. 전설은 믿어지지 않는 과장이 미화의 이불로 덮여 있을 때 들춰보는 재미가 있고 회자되기에 안성맞춤이다. 낙화암의 꽃잎 같은 문학적 서사 뒤에 원한에 사무칠 한 그림자가 보인다. 투신한 궁녀의 애절함이 가슴을 파고들수록 의자왕에 대한 비난은 부풀었다. 가늠하기 힘든 3천이라는 숫자는 확인되지 않는 의자왕의 죄목으로 덧씌워졌다. 앞서간 여인들의 넋이 절개와 애국으로 기려질수록 의자왕의 무능은 1000년의 무게로 가중되었다. '의롭고 자애로운' 의자왕義慈王의 의자와, 흥청망청 술판에 널브러진 의자왕의 의자는 두개의 의자일까. 한 사람의 의자일까. 무왕의 적통을 지닌 적장자이면서도 33년을 기다려 태자로 책봉된 왕. '해동증자'라는 칭호를 얻을 만큼 효성이 지극하고, 호방하고 대담한 성격의 소유자로 40이 넘은 나이에 등극한 왕. 즉위하자 직접 군사를 지휘하여 신라의 40여개 성을 빼앗아 국토를 넓힌 최고의 정복 군주. 선내로부터 숙원인 신라와의 적대관계 속에서 고구려와 손잡고 당에 대항하려던 담대한 포부와 적극적인 통치력의 소유자. 백제의 부흥기를 이끌고 문화의 전성기를 누렸으나 망국의 한을 안고 당나라에 포로가 된 비극의 왕. 두 왕의 저울질은 여전히 혼란스럽다.

고란사를 향해 숲길로 접어든다.

4월의 나무에서는 휘파람 소리가 난다. 가지마다 피어난 연둣빛 잎들이 입을 모아 휘파람을 불며 팔랑인다. 그 사이로 갖가지 새들이 소프라노로 지저귄다. 가파른 돌길마저 건반을 두드리듯 나도 덩달아 걸음이 가벼워진다. 개인의 아픔도 나라의 흥망도 흘러갔으므로 오늘의 숲길이 있다. 그 숲길 위에 새잎 돋는 또 다른 길이 보태지고. 발길 닿는 곳마다 백제의 아리고 서글픈 이야기가 홍건히 고여 있다. 우암 송시열이 썼다는 바위에 새겨진 낙화암 글씨가 애달픈 여인들의 넋인 양 핏빛이다.

백마강을 마당 삼아 고란사가 고졸하다. 강물을 향해 고개 숙인 나무 위로 새집이 먼저 눈에 들어온다. 새는 저들의 언어로 끊임없이 지저귄다. 백마강 물굽이를 바라보며 전설의 진위를 끊임없이 말하고 있는데 정작 우리는 못 알아듣는 건 아닐까.

고란사 벽당 뒷면에도 고란사 종소리의 구슬픈 가요와 낙화암에서 몸을 던지는 삼천 궁녀의 애잔한 전설이 그려져 있다. 그림 뒤에도 어른거리는 그림자가 있다. 당과 신라, 백제와 일본의 십자외교 사이에서 당대 최강의 나라와 맞선 운명 앞에 무릎을 꿇은 나라 왕의 치욕이 얼룩으로 덮여 있다.

'두 번은 욕심입니다. 한번만 타종하세요.'

넋을 기리기 위한 영종각靈鐘閣 앞에 쓰여 있는 주문이다. 물속으로 뛰어든 여인들의 넋을 위로하는 영종일까. 당나라로 끌려가 치욕스런 통분을 안고 낙양의 북망산에 묻힌 의자왕을 위무하는 영종일까.
 가만히 다가가 타종을 해본다.
 은은하게 퍼져야 할 종소리가 백마강 물살 위에 머뭇머뭇 흐르지 못하고 서성인다.

목련꽃으로 핀 당신께

천리포수목원 민병갈

　태산목 그늘에 서서 목련꽃으로 핀 당신을 우러릅니다.
　'나무가 행복하면 그곳에 오는 사람도 더불어 행복해진다'는 당신의 믿음으로 꽃피운 이곳 생명의 낙원을 이제야 찾게 되었습니다. '장엄'이라는 태산목의 꽃말처럼 건장한 자태가 정원의 골격을 당당히 유지하고 있습니다. 백련처럼 희고 탐스러운 꽃송이가 뿜어 내는 향기에 압도됩니다. 당신이 평생 품은 신념의 향기처럼 지순하고 그윽합니다. 윤기 흐르는 잎사귀는 당신의 고매한 자연에의 사랑과 진심 어린 빛으로 푸르게 물들고 있습니다. 짙은 갈색의 거친 목피는 소금밭을 일구어 식물들의 낙원을 일구신 당신의 굵은 손마디 같습니다. 좌우로 옹골차게 뻗어 내린 가지들이 18만 평 정원을 거느리며 굽어봅니다. '사람이 보기 좋은 것이 아니라 나무가 행복한 숲'을 이루고자 했던 당신의 열정은 여전히 하늘을 향해 힘차게 솟아오르고 있습니다. 평생을 수목원을 반려자로 살아오신 당신은 꽃송이 하나하나가 아들이요, 나뭇잎 한 장 한 장이 딸자식으로 당신 곁을 지키고 있습니다. 수목원은 사시사철 화기애애하고, 만화방창하여 웃음이 떠나지 않습니다. 세상의 누구보다 다복하고 누구보다 영화로운 일가一家를 이루셨습니다.

'내가 죽으면 묘를 쓰지 말라. 묘 쓸 자리에 나무 한 그루라도 더 심으라'고 하신 말씀을 되새기니 절로 고개가 숙여집니다. 당신이 바친 한 생의 꽃밭이 넘치도록 붉고 출렁거려 그만 눈시울이 붉어집니다. 그저 나무를 좋아한 '푸른 눈의 한국인' 정도로만 알고 있던 저 자신이 민망하고 부끄럽기만 합니다.

당신이 미리 쓴 유언장에 '내가 평생을 가꾸며 지켜온 이 아름다운 숲을 나의 제2의 조국인 대한민국에 아무 조건 없이 바친다.' 라는 글을 대하고, 저는 가슴 밑바닥으로부터 밀려오는 뜨거운 감동으로 이 편지를 씁니다.

미국인 연합군 장교로 입국하시어 한국은행과 증권가에서 근무하던 중 우연히 이곳 태안에 들르셨습니다. 한 노모가 자식의 혼수 걱정에 팔려는 땅을 사주신 것이 이곳 수목원과 인연의 시작이었습니다. 매입 당시 이곳은 전기도 들어오지 않고, 땅을 조금만 파도 소금기가 섞여 나오는 척박한 민둥산이었습니다. 해풍이 심하여 나무를 심는 일은 누구도 생각지 못할 유휴지였습니다. 당시 2천 평을 매입하여 살 집을 짓고, 경관을 위해 몇 그루 나무를 심기 시작한 것이 오늘의 천리포수목원 출발이었습니다. 현재는 아시아 최초, 세계 12번째로 세계수목원협회에서 인증한 '세계의 아름다운 수목원'으로 자리매김하고 있습니다.

반평생이 넘는 세월 동안 18만 평의 울창한 수목원에는 1만 6000종 이상의 나무를 심으셨습니다. 그 가운데에서도 당신은 호랑가시나무와 목련을 지극히 아끼셨습니다. 호랑가시나무류 400종, 목련류 600종이나 되는 수종은 세계적인 자랑거리입니다. 그 많은 목련 나무가 일제히 만개한 무량한 향기와 장관을 상상하니 무릉도원의 경지로 가슴이 벅차오릅니다. 이곳 목련꽃 그늘이 유달리 더 깊고 그윽한 건 당신의 고결한 삶의 향기가 더해졌기 때문입니다.

수목원의 관리와 운영을 당신 개인의 사비로 충당하셨다는 사실은 감히 누구도 엄두조차 내기 어려운 일입니다. 투자의 귀재로 엄청난 부를 축적하신 능력도 능력이거니와 전 재산을 수목원에 바치셨다는 사실은 어떤 찬사로도 표현할 수가 없습니다. 한국을 한국인보다 더 사랑하고, 자연을 자신보다 더 아끼신 한 평생은 한국인의 영원한 표본이며 귀감이십니다. 결국 우리 땅에 귀화하셔서 '칼 페리스 밀러'라는 이름 대신 '민병갈'이란 이름으로, 김치와 온돌과 한복을 즐기는 천상의 한국인으로 이 땅에서 57년을 사셨습니다. 그리고 한국 최초의 민간 수목원을 우리에게 선물하셨습니다.

연못에는 초록의 연잎 위로 피어난 붉은 수련이 마치 동백 숲처럼 펼쳐 있습니다. 색색의 꽃창포와 알리움, 삼색참죽나무, 베르가못, 원추리, 벌개미취, 비비추, 팜파스 등 무수한 습지 식물과 꽃들로 넋이 나갈 지경입니다. 분홍빛 만병초는 향수香樹라는 예명처럼 천국에 가면 이런 향이 날까 싶게 진한 향기를 냅니다. 꽃창포와 어우러져 빨강, 하양, 꽃 분홍으로 구름처럼 피어오른 100여 종의 노루오줌 풀밭에는 정말 노루가 노닐 것만 같이 평화롭습니다. 연못 주위에 호흡을 하느라 땅위로 죽순처럼 올라온 낙우송의 뿌리를 비껴 밟으며 생각합니다. '화학농약을 쓰지 않는다. 화학 비료를 쓰지 않는다. 가지치기를 하지 않는다.'는 세 가지 수목원 원칙을 약속하시고 지키신 철학 말입니다. '사람이 주인 행세하지 않고, 나무가 행복하고 나무가 주인인 숲'의 의미가 무엇인지 수목원을 거닐며 생각하고 또 생각합니다.
　연못 건너편으로 당신이 평소 깊이 애착한 초가집을 현대식으로 설계한 노란 지붕의 '민병갈기념관'이 보입니다. 수목원 숲속에 슬쩍 숨어 있는 듯 자연을 거스르지 않고 자리한 당신이 생활하던 기와집은 관람객을 위한 숙소로 이용되고 있습니다.
　수국원에 들어오니 산 수국. 흰 수국, 보라수국, 분홍수국, 긴 꼬리 모양의 떡갈잎수국들이 무리지어 머리를 수그리고 수군거리고 있습니다. 곁에 가서 들어 보니 하나같이 당신이 보고 싶고 그립다는 이야기였습니다. 초록 광택의 잎사귀 사이에 빨간 진주가 총총히 박힌 호랑가시나무 터널을 지나면서는 루돌프 사슴인 양 황홀했습니다. 특히 세계 최초로 국제학회에 등록한 '완도호랑가시나무'의 둥글고 부드러운 잎을 오랫동안 쓰다듬다 돌아왔습니다.

오늘 둘러본 놀라운 풍경이 18만 평에 호랑가시나무원을 비롯한 27개의 주제정원 가운데 2만 평의 '밀러가든'만 공개된 것이라니 입이 다물어지지 않습니다. 수목원 앞으로 천리포 해변에서 바다 냄새와 함께 파도 소리가 밀려옵니다. 썰물 때는 걸어서도 갈 수 있다는 낭새섬이 바다 가운데 거북이처럼 누워서 그도, 당신을 그리워하는 듯 보입니다.

이른 아침 거미가 밤새 노동하여 지은 거미집을 무너뜨릴까 봐 머리를 숙이고 조심조심 산책을 하셨다는 당신의 자애를 오래오래 기억하겠습니다.

물 위에 핀 경회루

　안개가 서리서리 똬리를 틀며 흐른다. 가다가 인왕산 너그러운 능선에 몸을 푼다. 운무에 가린 인왕산이 넌지시 경회루를 껴안는다. 치마폭 활짝 펼친 물결 주름 위에 기세는 도도하나 자태는 우아하다. 물 위에 떠 있는 나무로 지은 거룩한 한 채의 꽃, 경회루다.
　착 가라앉은 마음이 고여 있는 연못 같은 날, 경복궁을 찾았다. 고궁의 하늘도 그런 내 기분을 씻어 주려는지 비를 뿌리고 있다. 날아갈 듯 쳐든 처마 선을 따라 가라앉은 마음이 파도타기를 해본다. 화려한 단청과 그 아래 조각이 빚어 내는 오묘한 조화가 산뜻하다. 잿빛 기와와 어울려 한 상 한 상 쌓아올린 꽃담상의 고솔한 아름다움에 마음이 가지런해진다. 양쪽 처마 선 모서리가 만나서 이루는 대칭의 데칼코마니에 미로처럼 빠져든다. 직선은 곡선인 듯 유려하게 치켜 올라 있고, 곡선은 직선인 듯 수평을 이룬다.

잔잔한 연못 한가운데 운무에 안긴 경회루가 함초롬히 비에 젖는다. 가는 빗줄기가 연못 위로 사뿐 내려앉을 때마다 물은 빙긋빙긋 둥글게 웃는다. 아픈 역사의 질곡을 딛고 이제 잔잔한 평화가 찰랑인다. 현존하는 우리의 목조 건축 가운데 가장 크고 장엄한 팔작지붕의 위풍이 내리는 빗속에 의연하다. 지붕 위에 잡상들도 11개나 즐비하다. 앞에서 본 근정전에도 7개의 잡상이 있는 것으로 보아 규모에서도 큰 대접을 받고 있다.

임금과 신하가 정사를 논의하고, 외국 사신들을 환대하며 신문물을 받아들인 곳이다. 비를 기다리는 백성의 간절한 기우제가 열리던 곳이기도 하나, 경사스런 모임만 이어지지는 않았다. 단종에게는 왕의 옥새를 넘긴 비극의 장소요, 연산군은 흥청을 불러 먹고 마시는 쾌락으로 망청이 된 곳이기도 하다. 백성들이 눈물 흘릴 때, 경회루 연못은 늪물을 흘렸으리라. 임진왜란에 소실되어 273년간 방치된 폐허 속에서 연못은 또한 남모르게 누런 진물을 흘리고 있었으리라. 역사 속 경회루를 더듬으며 연못을 한 바퀴 거닐자니 내리는 빗줄기가 연신 따라오며 말을 보탠다. 경회루 앞마당에서 벌어진 단종의 안타까운 이야기를 더 세세하게 들려주고 싶은가 보다.

서울의 한복판에서 만나는 섬, 소나무가 이루고 있는 아담한 두 곳의 만세섬과 함께 물 위에 떠 있는 경회루는 누각, 그 이상의 성지다. 국립고궁박물관에 전시된 청동용이 나왔다는 하향정을 바라본다. 화재를 방지하기 위한 염원으로 연못 안에 넣었다는 용 2마리 중 하나가 발견된 곳이다. 나머지 한 마리가 물속에 남아 이곳을 지켜주는 한 비극의 소용돌이는 다시 없으리라 믿는다. 구름을 불러 비를 내리게 하는 건물 기둥에 새긴 용 조각이 지금은 보이지 않는다. 물결이 일렁일 때 마다 기둥의 용무늬가 연꽃 사이로 헤엄치는 장관을 이제 볼 수는 없지만, 현재의 간결한 돌기둥이 외려 정갈하고 아름답다. 비를 맞아 윤기 흐르는 경회루 기와지붕이 역사의 소용돌이 속에서도 당당한 풍채로 돋보인다.

  2층 누각에서 문을 위로 걸어 열면 신선의 세상이 펼쳐진다. 북으로는 북악산, 서로는 인왕산이 자리하고, 남쪽으로는 수정전과 청계천, 동으로는 경복궁이 한눈에 들어온다. 사방으로 들어오는 차경이 파노라마로 펼쳐진다. 아래층을 돌며 감상하는 물과 산이 빚어 내는 풍경은 절경 중 절경이다. 경회루 밖에서 투시하는 멋 또한 볼거리다. 돌기둥의 숫자만도 48개로 저마다 존재의 의미를 담고 있다. 24절기와 방위를 나타내는 바깥기둥과, 1년 12달을 상징하는 안쪽 기둥이 2층 구조를 이루고 있다. 천지인을 상징하는 3칸에 주역의 원리인 8괘를 담아 유가의 세계관을 건축 양식으로 구현하고 있다. 네모난 연못과 둥근 소나무 섬 또한 천원지방을 형상화하였다. 단일 평면으로는 가장 큰 규모의 누각으로 들여다볼수록 신비한 가치와 무궁한 아름다움이 북악산에서 흘러 내려오는 맑은 물처럼 깊고 그윽하다.

  이곳 연못은 2만여 톤의 물이 500여 년 동안 여전히 맑음을 유지하고 있다고 한다. 그 비밀은 연못의 바닥에서 발견된다. 연못 바닥에는 물이 솟아나오는 쪽과 흘러가는 쪽에 경사를 두어 안쪽의 물이 순환하는 구조였던 것이다. 흐르는 물은 이끼가 끼지 않는 진리가 면면히 이어지며, 녹슬지 않는 역사의 수레바퀴를 대변하고 있다.

한번 받은 물을 내 안에 가두어 두고 뱅뱅 돌리기만 한 나의 일상이다. 갓 길어 올린 깨끗한 샘물을 내 안에 공급한 지가 언제인지 까마득하다. 새로운 도전, 신선한 시도는 하지 않고, 이끼 낀 물로 하루하루를 버겁게 가동하며 맑아지기만을 기다리고 있었던 것이다.

연못을 돌며 어느 곳에서 봐도 경회루는 그저 나무로 지은 꽃이요, 꽃으로 피어난 누각이다. 뽀얀 운무는 하늘과 경회루의 경계를 지우고 있다. 빗물에 젖으며 빗물에 번지며, 안개에 묻혀 안개 가운데 빛난다. 신비의 절정이다. 연못으로 물을 공급하는 용머리가 호탕하게 물을 쏟아 내고 있다. 내 안에 흐르고 있을 수혈을 찾아 나도 수맥을 틔워 주자. 마른갈이만 하던 내 마음의 논에도 콸콸 솟아나는 샘물로 물갈이를 해야겠다.

뭍에 세운 돛대
용두사지 철당간

유월의 햇살이 당신의 이마에 닿자 재워둔 말들이 빛으로 쏟아집니다. 천년의 긴긴 날 하늘을 향해 함묵한 외침이 목이 쉰 채 녹물 빛입니다.

오래전 당신을 맨 처음 찾아온 날의 제 무지와 결례를 고백합니다. 약속 장소로 알려준 약도를 따라 철당간에 당도한 날은 청주에 정착한 지 얼마 되지 않는 어느 날이었습니다. 막연히 '철로 만든 시설물의 난간'쯤으로 받아들이고 주위를 두리번거리다 눈앞에 훤칠한 키의 당신을 만났습니다. 국보 제41호라는 안내판을 보고 짐짓 놀라고, 시내 한복판에서 불쑥 국보를 영접한다는 사실에 또 놀랐습니다.

좌우 화강암 지주를 거느린 당신은 짙은 홍찻빛 얼굴로 예나 지금이나 꼿꼿한 자태 그대로이입다. 아니 거느렸다기보다 어쩌면 어깨를 걸어 준 그들이 있었기에 오늘을 지탱할 수 있었으리라 생각됩니다. 당신 곁을 지켜주는 지주는 세로로 굵은 선으로 장식했을 뿐, 당신을 당차게 잡고 있는 소임에만 충실한 듯 보입니다. 맨 아래에는 널따란 돌이 받침으로 견고하게 놓이고, 철로 무장한 둥근 원통의 몸이 포개지고 쌓아 올려 푸른 하늘을 우러르고 있습니다. 문득, 지금은 연통의 역할에서 물러나 존재만으로도 산증인인 옛 연초제조창의 굴뚝 모습이 교차됩니다. 한 단 두 단 세어 보니 20개나 맞물려 아스라이 기도를 올리고 있군요. 본래는 30개의 간절함을 원통 속에 가득 담고, 맨 위에 용머리가 올라앉아 있었다지요. 승천하는 용의 입에 물려서 펄럭이는 괘불이나 깃발은 그 모습만으로도 얼마나 위풍당당 장엄했을까요. 높고 간절한 기도와 염원이 무참히 훼손될 때, 당신의 속내는 어찌했을까를 생각하니 등골이 시려옵니다. 모진 풍파를 헤치고 오늘 이 자리 의연하게 서 있는 당신 앞에서 착잡하고 숙연해집니다. 그 건장한 옥체를 보존하지 못하고 수많은 역사의 부침에 고초를 겪은 날들이 한스럽습니다.

자세히 보니 당신의 몸을 바치고 있는 긴 받침대가 옆에 있는 지주와 비슷한 모양입니다. 좌우에 있는 지주가 같은 듯 다르기도 하구요. 오른쪽 것은 구멍도 뚫려 있고 곡진한 세월의 흔적이 있는데, 왼쪽 것은 새것으로 단장한 모습입니다. 그렇다면 당신의 뿌리가 되어 길게 누워 있는 밑받침돌은 원래 당신의 왼쪽에 서 있던 지주인 듯 보입니다. 늙은 몸으로도 당신 곁을 떠나지 않고 당신의 발이 되어 지켜준다는 생각을 하니 맘이 애틋해집니다. 허리춤에는 지주와 철통을 단단히 고정한 철로 된 띠와 함께 변함없이 동행하는 반려자가 있으니 한편으로 든든합니다.

맨 아래 발치께는 긴 세월 걸어오는 동안 녹슬고 부르튼 흔적이 마음을 아리게 합니다. 그럼에도 당신의 출생 족보를 꼭 껴안고 이불 한 채 없는 읍성의 안길에 우뚝 서서 비바람, 눈보라를 마주하고 버티어 냈습니다. 그런 당신께 천년의 시간이 지난 1962년 국보라는 왕관이 씌워진 것은 지극히 마땅하고 다행한 일입니다. 지금 발을 딛고 있는 이곳 읍성에서 청동기시대부터 금속문화의 꽃이 눈부시게 피어났습니다. 주물기술과 건축기술의 집합체인 당신은 국보 그 이상의 대접과 가치를 인정받아야 합니다. 당대의 찬란한 역사와 문화의 저력은 무심천의 물줄기처럼 유장하게 이어질 것 것입니다. 철통의 주조, 조립, 양각, 음각의 기술을 더듬어 헤아릴 때 최고의 금속활자본인 직지의 탄생은 또 얼마나 괄목상대할 일인지요.

당신이 서 있는 이곳 용두사의 목어와 직지의 탄생지 흥덕사의 목어는 한 우물을 헤엄치고 있습니다. 금속활자를 분담하여 주조하고 출판하던 흥덕사와 용두사의 드넓은 한 마당을 생각합니다. 당시 시대적, 문화적 요청이 금속활자였고, 필요에 의해 주조하여 책으로 편찬하기까지 지금 우리 눈에 보이는 영역은 극히 작은 일부분이겠지요. 성안 전체가 금속활자의 본거지로 온통 활발하고 찬란했을 광경을 그려봅니다.

고려가 준풍峻豐이라는 독자적인 연호를 썼던 962년(광종13년) 2월 29일이라는 또렷한 글씨가 당신의 몸값을 확인시켜 줍니다. 이곳 청주에 살던 김예종金芮宗 일가가 당시 전염병이 유행하자 부처님께 재앙을 예방하고 극락천도를 기원하는 뜻을 담은 393자의 돋을새김 글씨가 또박또박 말하고 있습니다. 왕권이 강하던 광종 시기에 청주 호족의 힘이 지금도 웅장한 철당간의 모습처럼 높았나 봅니다.

상당현, 서원경으로 불리던 청주는 당신이 낳은 주성舟城이라는 옛 이름을 선물하기도 했습니다. 홍수 피해가 잦았던 이곳에 당간을 세우면, 청주가 배의 형상으로 돛대의 구실을 하여 재난을 피할 수 있었다고 하지요. 바다가 없는 노른자위 같은 내륙의 읍성 한가운데 당신이 홀로 서있는 이유가 되었답니다. 이런 일화야 얼마든지 입에서 입으로 전할 수 있거니와 당신이 몸소 지니고 있는 탄생의 연대와 소상한 동기, 경위와 배경이 세세히 기록된 당간은 당신이 유일무이합니다.

청주 읍성의 안녕과 무사를 지켜낸 돛대 역할로, 꼭대기에 당을 걸어 불가의 세계임과 신성한 영역임을 장엄했습니다. 예나 지금이나 당신은 소리 없는 설법으로 펄럭이는 깃발이며, 나부끼는 말씀입니다. 청주 수호의 버팀목이며, 간절함으로 길이 우러르는 솟대입니다.

쇠처럼 쨍쨍하던 햇살이 누그러지고 당신의 이마에 휘황한 노을이 당幢으로 펄럭입니다.

빛이 걷는 길

호미곶 등대

하늘에는 새가 날으는 길 없는 길이 있다.

바다에는 빛이 걷는, 길 없는 길이 있다. 그 빛이 출발하고 그 빛이 도달하는 곳, 그곳은 등대다. 칠흑의 어둠 속에서 빛을 물어, 빛으로 인도하는 빛의 정류장이다. 뭇 생명을 실어 나르는 만선이요, 만선을 거느린 불빛이다. 바다의 꿈이 시작되는 곳, 땅 끝에 서서 어둠을 밝혀주는 희망이다. 빛을 낳고 품어서 길을 밝히는 등대는 바다의 어머니다.

한반도의 동쪽 끝 대륙을 향해 포효하는 호랑이 꼬리에 우리나라에서 제일 오래된 등대 앞에 섰다. 1908년에 점등을 하여 100년이 넘는 세월을 혈혈단신 빛으로 동해를 평정하고 있다. 붉은 벽돌이 팔각형 모형으로 6층이나 되는 높이다. 바다에 시선을 둔 8등신 균형 잡힌 몸매로 자태가 늘씬하다. 팔각 모서리의 예각과 만나 아래로 내려갈수록 부드럽게 펼쳐지는 치맛자락을 드리우고, 뽀얗게 단장한 살결이 백미다. 등대 안쪽으로 곳곳에 새겨진 오얏 꽃문양은 대한제국 황실을 상징하며 활짝 피어 있다. 철제 주물로 고불고불 올라간 108계단이 하늘과 맞닿아 아스라하다. 아래로는 빛으로 바다를 거느리고, 위로는 하늘의 별빛과 교신하고 있다.

고대 그리스 신전을 닮은 출입문과 창문도 독특하다. 당시 제국들의 거듭되는 등대 요구로 지어진 한국 근대사의 아픔을 안고 있기도 하다. 아픈 역사는 바닷물에 흘려보내고 하늘의 높푸른 기상을 향해 꺼지지 않는 횃불로 우뚝 솟아 있다. 을사늑약으로 외교권을 잃은 위기에도 부단히 바다를 지킨 대한제국의 의지를 굳건히 밝히고 있다.

국내에서 가장 오래되었음에도 지금까지 균열 없이 본래의 모습을 유지하고 있다. 아래로 내려가면서 넓어진 안정적 형태와 이중벽 설계로 지진에도 강한 구조다. 그런 가치의 진정성과 건물의 미적 예술성, 보존 상태, 희귀성을 꼽아 세계에서 4번째, 아시아 최초로 '올해의 세계등대유산'에 선정된 자랑스러운 등대다.

등대는 그리움의 솟대다. 바다 없는 내륙의 노른자인 청주에서 나고 자란 내게, 바다와 등대는 아지랑이 피어오르는 그리움이다. 격랑의 아픔이나 해일의 고동보다 가고 싶은 마음만으로도 설레는 무지갯빛 미지의 세계다.

등대는 휘몰아치는 파도와 맞서 칠흑의 밤바다에서 만나는 구세주요, 생사의 갈림길에 놓인 선원들의 구원자다. 좌절과 암흑의 휘장을 찢고 들어오는 한 줄기 빛은 태양을 향한 전진이다. 지금은 12초마다

1번씩 섬광을 비추는 호미곶 등대는 처음엔 20초마다 2번씩 빛을 보냈다고 한다. 어둠 속에 돌아올 자식 걱정에 노심초사 12초도 멀다하실 내 어머니의 불빛이다. 낮이나 밤이나 꺼지지 않는 어머니의 내리사랑처럼 등대는 낮에도 제 몸빛으로 배의 안전을 유도한다. 오른 쪽에 장애물이 있으면 빨간 옷을 입고, 왼쪽에 장애물이 있으면 하얀 옷을 입는다. 빨간 등대와 하얀 등대가 나란히 있으면, 오른 쪽도 왼쪽도 아닌 그 사이가 안전하다는 무언의 소통이다. 주변에 암초나 군사 시설물이 있을 때는 노란 옷을 입어 경고하고, 등대주변에 숨은 여가 많아 위험하니 접근하지 말라 할 때는 녹색 옷을 입는다. '잘했다' 칭찬과 '안 된다' 경계를 얼굴빛으로 가르쳐 주시던 어머니의 애틋한 마음이다.

　내게 있어 세상의 바다에서 바라볼 수 있는 등대는 어머니였다. 아무리 암담한 난관 앞에서도 엄마만 곁에 계시면 든든했다. 처음으로 어머니 품을 떠나 혼자 살게 된 낯선 도시에서 나는 망망대해에 표류하는 배 한 척이었다. 네온사인 어지러운 불빛만 난무할 뿐, 의지할 수 있는 등대불은 어디에도 없었다. 처음으로 내 이름을 걸고 시작한 학원은 만만치 않았다. 경쟁을 싫어하는 타고난 성향으로, 치열해야 살아남는 사회의 논리와 내가 지향하는 사회 교육의 조화는 늘 널뛰기를 하고 있었다. 내 의지로 운영의 묘를 살리기 위해 퇴근 시간이 따로 없는 날이 이어졌다. 학원을 접어야 하나 하는 위기에서 그날도 늦게까지 배고프고 지친 몸으로 집을 향했다. 고개를 떨구고 터덜터

덜 오다가, 내 방에서 새어나오는 따뜻한 불빛! 아, 엄마다. 반가움에 눈물이 났다. 가끔 연락도 없이 자취방에 먹을거리 바리바리 싸들고 오셔서 청소를 반짝반짝 하시고 기다리신다. 불빛만으로도 훈훈해지고 힘이 생기는 '어머니'라는 등대다. 그날의 30촉 백열등 불빛은, 그때의 어머니 나이가 된 내 가슴에 여전히 환하게 켜져 있다. 어머니의 사랑에 나의 그리움이 더해져 점점 조도를 높여 빛을 발한다. 한 치 앞도 보이지 않는 막막한 삶 속에서도 어머니는 보이지 않는 곳에서 소리 없는 빛으로 내게 길을 가르쳐 주신다. 어느 쪽으로 가야 할지 갈팡질팡하다가도, 더 이상 못 하겠다 포기하고 싶은 좌절 앞에서도, 어머니라는 등대를 생각하면 깜박깜박 귀를 세우는 반짝이는 길이 보인다. 늘 그 자리 등대로 서 계신 어머니의 지시등이다.

이제는 물어볼 어머니도, 등을 기댈 어머니도 안 계신다. 넘겨받은 어머니의 등불을 무람하게 켜든다. 날이 저물고 있다. 호미곶 등대에 불을 밝힐 시간이다. 내 딸에게도 등불 켜든 엄마가 필요한 저녁이다.

시원을 찾다

 시원始原을 찾아 나서는 길은 새벽이어야 좋다.
 이슬이 걷히지 않은 이른 아침, 미끈하게 치솟은 잣나무 숲 속을 깨우느라 산새 소리가 바쁘다. 밤새 재워둔 순도 높은 숲 향기를 독점하는 쾌감이야말로 새벽이 주는 선물이다. 헐떡이며 숨차게 올라와 만난 처녀림은 신비롭고 신선하다. 나무 향이 그윽한 잣나무 숲길을 지나자 가문비나무 숲길이다. 연꽃 방죽을 바라보며 걷는 동안 하얀 수피로 쭉쭉 뻗은 자작나무 숲길이 시작된다. 사는 곳에서 가까운 거리에 이렇게 깊고 아름다운 숲길이 이어진다는 사실이 놀랍다. 평소 가고 싶던 가평 잣나무 숲길과 인제의 자작나무 숲길을 대신해 이곳 '상백상 둘레길'을 자주 올 수 있다는 기대감에 설렌다.
 가까이에 마을이 상리, 중리, 하리가 있는 것으로 보아 율량천의 시작이 근처라는 걸 알 수 있다. 상당산성 둘레길을 따라 오르는 새벽길은 촉촉한 숲 향기로 소쇄하기 그지없다. 갈림길에서 구릉을 따라 지도를 보며 수풀 속으로 거슬러 오른다. 한참을 가다 덤불 사이 돌 틈으로 스며 나오는 물줄기를 찾았다. 시원은 참으로 여리고 가늘다. 나무처럼 튼실하지도 않고 잎들처럼 무성하지도 않은 뿌리의 시작은 늘 은밀하고 축축하다. 만물을 키워 내는 힘의 근원은 어둡고 가냘픈 모태의 궁이었다. 솟구치지도 못하고 스미듯 흐르는 한 방울 물의 뿌리, 그곳에서 출발하여 모성이라는 장대한 바다에 이른다.

얼마나 먼 길을 흐르고, 구비 돌아 강물과 만나 바다에 이를 것인가. 실낱같은 반짝임은 골을 내고 흘러 내를 이룬다. 내가 또 다른 내를 만나 어울리니 강이다. 강퍅하지 않으며 강인할 수 있다면 마침내 모두를 받아주는 바다의 품에 닿는다. 더 쫓아야 할 근원이 있을지라도 '근원은 알 수 없는 곳에서 나와 돌부리를 울리고 가늘게 흐르는 작은 시내는…' 한용운의 시를 떠올린다.

하얀 물줄기는 아래로 몸을 낮추며 자작나무 뿌리를 적시고, 가문비나무, 잣나무에 젖을 물리고, 보암사 근처 방죽으로 모인다. 이곳 방죽의 물이 꽤 큰 연못을 이룬 것으로 보아 또 다른 줄기와 합치는 곳으로 보인다. 그 물이 율산교를 지나 율봉역이 있던 지금의 청주 우체국 앞으로 흐른다. 율봉역이 있을 당시에는 역내 개울로 흘렀다고 한다. 곧은 길이면 곧장 가고, 굽은 길이면 돌아가며 주어진 길을 탓하지 않고 흡족하게 흐른다. 벼가 익으면 고개를 숙이듯 낮은 곳에서 더 낮은 곳을 향하여 몸을 낮춘다. 둥근 연못이면 둥글게 담기고, 각진 연못이면 네모지게 담긴다. 거역도 반항도 없이 주어진 대로 받는다. 산도 무너뜨릴 위력을 간직하고 있을 뿐이다. 언제 어디서나 물의 본질을 잃지 않는다.

　율봉역 옛터의 자취는 찾을 수 없다. 직접적인 관계가 없는 건물 한 채만 덩그러니 공원을 차지하고 있다. 그런 모습을 지켜보는 율량천은 말이 없다. 묵묵히 흘러 율량교를 지나 구름다리를 등에 업고 조용히 흐른다. 오래 신던 고무신처럼 시냇물에는 돌다리가 제격이다. 군데군데 4개나 놓여 있는 징검다리가 여기 저기 공사 중인 상처를 어루만져 준다. 흐르던 물도 징검다리를 만나 반가운 듯 빙글빙글 안고 돌아 흐른다. 어디선가 날아온 왜가리 한 마리가 돌다리에 내려앉는다. 날개를 접고 한참 동안 이곳저곳 둘러본다. 먹을 게 없는 걸까, 목도 축이지 않고 날개를 열어 훠이훠이 날아가 버린다. 왠지 서글퍼진다. 왜가리도 마실 수 없는 물일까. 수변 관찰로를 걸으며 물속을 들여다보아도 물고기는 보이지 않는다. 천변을 따라 가꾸어진 꽃밭이 따뜻한 위로가 될 뿐이다. 간곳이가 진고지에서 질구지가 되었다는 동네 앞으로는 덕천교가 놓여 있다. 내덕동과 사천동을 이어주는 다리가 무지개로 걸려 있다. 비상하는 새의 아름다움이 직지를 상징으로 둥근 원을 그리며 무심천으로 들어가는 대문을 장식한다. 상리에서 출발하여 4.5킬로미터 율량동의 젖줄은 내사교 아래로 억새와 갈대의 배웅을 받으며 무심천과 합류한다. 흐르다 미호강을 만나고 금강을 따라 서해에 이른다.

스며서 흐르기까지, 흘러서 이르기까지 시원을 떠났으므로 끝에 닿아야 한다. 흐르다 때로 갇힐 때도, 거대한 소용돌이에 떠밀릴 때도, 물은 낮은 곳으로 흐른다는 명제를 놓지 않는다. 넘치면 지우고, 궁하면 비를 기다려 다시 길을 내고 흐른다. 상선약수上善若水의 진리는 동네를 흐르고 있는 내川에 있다.

옥을 모은 집

　세로로 우뚝 서 있는 '집옥재集玉齋' 현판이 빗속에 의연하다. 마당에 고이는 빗물을 푹 찍어 써내려간 듯 유려하고 힘차다. 함초롬히 젖어 있는 기와지붕도 옥이 되어 반짝인다.
　현판을 자세히 들여다보니 '미원장米元章' 낙관이 또렷하다. 북송의 서예가 미불 글씨를 집자했다 한다. 집옥재를 가운데로 왼쪽에는 영락없는 중국풍의 팔우정八隅亭이 있고, 오른쪽으로는 협길당協吉堂이 있다. 팔우정은 어진을 보관한 서재와 외국 사신들의 접견소였고, 왕의 휴식공간인 협길당은 복도를 통해 실내에서 건너갈 수 있는 구조이다. 다른 곳도 아닌 경복궁 안에서 만나는 중국풍 건물 구조가 퍽 낯설다. 더욱이 현판 글씨가 우리나라 서예가가 아님도 의아하나 당시의 역사적 배경을 보존함도 의미 있는 일이라 여겨진다.

　집옥재는 고종의 서재다. 창덕궁 함녕전의 별당으로 지어졌다가 자주적인 입장에서 개화정책을 추진할 뜻을 품은 고종의 명으로 지금의 자리로 옮겨왔다. 조선 비운의 왕 고종이 신식문물을 도입하기 위한 노력의 산물이다. 당시 청나라에서 구매한 서양문물을 다룬 기계문명과 과학 서적 등 4만여 권의 책이 들어와 보존 중이다.

빗방울이 굵어지더니 제법 세차게 퍼붓는다. 집옥재 현판과 기둥마다 걸려 있는 주련도 수직이다.

>灑潤含膏 雲氣多壽 쇄윤함고 운기다수
>촉촉이 젖어 기름지니 운기는 장수하게 해 주고,
>稱物納照 鏡心彌光 칭물납조 경심미광
>만나는 사물마다 비추어 주니 거울은 더욱 밝도다.
>玉樹陵霄 雲煙煥采 옥수능소 운연환채
>아름다운 나무가 하늘에 솟으니 안개구름 찬란히 빛나고,
>寶花留研 筆墨生香 보화류연 필묵생향
>귀한 꽃이 벼루에 머무니 필묵에 향기가 나도다!
>西山朝來 致有爽氣 서산조래 치유상기
>서산에 아침이 되니 상쾌한 기운이 이르고,
>太華夜碧 人聞淸鐘 태화야벽 인문청종
>태화산에 밤 깊으니 맑은 종소리를 듣도다!

하늘은 끊임없이 비로 하여금 수직으로 내려와 땅에게 들려준다.

우주의 섭리와 깨달음을. 진리와 깨침을 모아 둔 도서관 앞에서 가만히 신발을 벗는다. 젖은 신을 벗고 맨발로 들어서니 마룻바닥의 서늘한 기운이 마음을 정하게 세운다.

안으로 들어서니 왕실 도서관이라는 준엄함과 서책의 무게가 묵직하다. 역사의 소용돌이 속에, 정작 고종은 왕의 서재에 오래 머물지도 못한 아쉬움을 벽에 모셔진 고종의 어진에서 읽는다. 조선시대 관련 도서와 왕실 관련 자료가 전시되어 있고, 조선의 역사와 예술, 문화, 풍속 등 관련 자료, 왕실자료 영인본 수백 권이 칸칸이 정리되어 비치되어 있다. 규장각자료, 일성록, 조선왕조실록 등이 늘어선 진열대를 바라보는 것만으로도 조선의 어디쯤으로 시간 여행을 온 것 같은 착각에 빠진다. 이곳에서 옥을 고르듯 책을 통해 국제정세와 새로운 정보를 수집하고, 번역하고 탐구했던 시간들이 오늘의 번영에 초석으로 놓였으리라. 어둑한 실내에 책상으로 비스듬히 스며드는 조명이 빈 의자로 나를 가만 당겨 앉힌다. 집중하기 좋은 불빛이다. 책상 위에 펼쳐진 책장으로만 고여 든 불빛은, 낮에도 월광독서月光讀書의 운치를 선사한다. 창밖으로 비에 젖은 전경이 경계를 지우며 스며든다. 책을 읽다 고개를 들고 풍경을 읽는다. 고요를 밀어 내고 리듬을 끌어들이는 빗소리가 독서삼매의 경지로 빠져들기에 좋은 촉매제다. 문을 닫으면 뽀얀 한지 위에 문살과 창살은 문자와는 다른 아련한 정다움으로 다가온다. 특히 반달 두 쪽이 만나 이루는 만월창의 둥근 창틀은 독서하는 이의 꿈을 부풀게 쓰다듬는다. 천장에는 두 마리 용을 가운데로 하여 좌우로 두 마리 봉황을 그린 단청이 활자보다 더 긴 문장으로 휘황찬란하다.

뾰족지붕의 팔우정은 이층으로 오르는 계단이 있으나 출입이 통제되어 있다. 팔각의 벽면이 벽돌 모양의 창으로 연결되어 작은 액자를 촘촘히 붙여 놓은 듯 바깥 풍광이 퍼즐 맞추기로 펼쳐진다. 팔면을 빙 둘러 책상을 배치했다. 앉는 자리마다 다른 경치를 감상하며 책을 읽을 수 있는, 독서 이상의 호사요, 이상적인 독서를 누릴 수 있는 곳이다. 팔우정 안에서 바라보는 향원정香遠亭의 풍광은 그대로 오려서 가져오고 싶다, 그럴 수만 있다면. 연못 가운데 둥근 섬, 그 위에 호젓한 정자, 그리고 무지개다리 취향교, 연못에 떨어지는 빗방울의 무늬와 빗줄기의 눅눅한 냄새까지도.

협길당은 온돌방 구조의 아늑한 휴식공간으로 한옥이다. 엉뚱하다 느껴지던 청나라풍의 팔우정과 맞배지붕의 집옥재가 머물다 나오면서 보니 묘한 균형미를 빚어낸다.

문 닫을 시간이 되어서야 아쉬움을 두고 도서관을 나온다.

그 당시 개화정책을 추진하는 데 필요한 인재를 양성하고 근대문물을 수용하고자 한 고종의 고뇌와 선택도 우리의 역사다. 건물부터 생경하던 의구심이 흐르는 빗물처럼 유연해진다.

돌아오는 버스 안에서 집옥재 구슬을 묵주처럼 굴려 본다.

저수지 가는 길

숲이 드리운 그늘이 웅숭깊다.

스치는 바람에 자울자울 나뭇잎 고갯짓이 바쁘다. 잎이 흔들리니 나무가 출렁이고, 나무가 출렁이니 숲이 물결친다. 숲의 파도가 토해내는 싱그러운 풋내가 녹색 그늘로 일렁인다. 이른 새벽 찬물에 세수한 듯 정신이 명징하다. 서늘한 죽비로 나를 곤추 세운다.

이 산을 타고 올라 정상에서 반대편으로 내려오는 길에 저수지가 있다고 한다. 아들이 몇 달 동안 양평에 레지던시로 와 있는 도예공방 뒷산을 오르고 있다. 아들에게 이곳은 작품에 대한 아이디어와 의욕을 샘솟게 하는 영감의 코스라고 한다. 올라갈 때 숨찬 희열과 내려올 때 풀빛 통쾌함이 살아 있는 자신을 확인시켜준다고 한다. 그 마음이 닿으니 숲이 더 신선하다. 양팔을 벌려 바람을 맞는다. 숲을 관통한 바람이 내 몸도 관통한다.

소오쩍 소쩍 소오쩍 소쩍~ 물으면 대답하며 장단 맞추는 정다운 소쩍새. 찌뼛찌뼛찌뼛찌뼛 찌~ 찌뼛찌뼛찌뼛찌뼛 찌~ 팽팽한 바이올린 현을 세게 문질러 쫀쫀하게 휘파람을 부는 박새. 쏙 쏙 쏙 쏙~무채 써는 소리로 바삐 우는 쏙독새. 이름 모를 새들은 그들만의 소통으로 물소리 못지않은 폭포 소리를 만들어 낸다. 진초록의 풀 향기 무대에서 각자의 목소리만으로 연주하는 대형 오케스트라다.

숲길은 신선으로의 초대다. 초대받은 자는 초입에서 깊은 심호흡으로 응답한다. 구부러지고 조붓한 숨구멍이 뻥 뚫리며 폐부가 활짝 문을 연다. 동공이 또렷해지고 등마루가 가지런해진다.

숲길은 숨길이다. 숲은 생명 있는 모든 것들의 숨을 살려 낸다. 고장 난 숨을 수리하고, 망가진 숨을 교체해 준다. 숲은 제 가진 것 아낌없이 베푸는 자비의 성전이다. 탁해진 날숨을 거둬 주고, 걸러진 생기를 제공한다. 흩어진 숨소리를 빗질하여 가지런히 땋아 준다. 허허롭던 마음자리에 청 보리밭 초록 숨을 선사한다.

가파른 경사가 이어진다. 숨이 턱에 차오르면 나무에 기대고 하늘을 본다. 묵언 가운데 하늘에 닿는 나무. 수많은 잎을 거느리고 의연히 뻗어 오른다. 가느다란 바람에도 팔랑거리는 나뭇잎이, 사소한 희비로 얼룩지는 인간의 몸짓 같다.

정상은 오히려 아늑하다. 가파름을 넘어선 자를 위해 안방만 한 바위가 앉을 자리를 권한다. 올라온 누구라도 번쩍 들어 치켜 올려주는 짜릿함이 정상의 맛이다.

내려오는 길은 작고 빛나는 것들이 말을 걸어온다. 곁눈질로 보이지 않던 것들이 눈을 맞추며 웃어 준다. 스쳐갈 때 없던 것들이 들여다보니 먼저 손을 내민다. 사람도 인간도 관계의 출발은 마음의 눈이다. 육신의 눈으로 단절된 불통은 마음의 눈으로 소통이 시작된다. 신발 아래, 초록의 양탄자를 자처하는 질경이, 난초인 듯 난초 아닌 맥문동, 첫 인연을 끌어안고도 누군가 그리운 낯빛 으아리 꽃, 하얀 나비 떼가 무거워 고개 숙인 산 수국, 눈인사로 손인사로 그들과의 접선은 즐겁다. 그 중 땅 욕심 많은 건 관중이다. 일대를 독점하고 푸르른 기세가 등등하다. 근처 어딘가 포숙아도 있을까. 나는 관중을 볼 때마다 관계없는 '관포지교'가 떠오른다. '둘의 돈독한 우의가 넓은 땅을 차지하게 된 이유일까' 생각하면서. 흔하디흔한 쑥도, 취나물도 산의 정기를 머금으면 영초가 된다. 토끼풀도 작고 하얀 민머리로 향을 밀어올리고 있다. 쑥부쟁이, 현호색, 제비꽃…… 서로 손을 들어 '저요 저요' 호명을 기다리며 말을 트자 한다.

 자연의 섭리도 인생의 여정도 오르막과 내리막의 혼재가 아름답다. 오르막으로만 가파른 인생도, 내리막으로만 곤두박질치는 인생도 없다. 내리막의 안도와 오르막의 고단함이 씨줄과 날줄로 엮어질 때, 건강한 피륙을 엮는다. 내리막은 올라온 만큼의 길이에 비례할 뿐이다.

 잔다란 숲길로 접어드니 저수지에 이르렀다. 고요하고 평온하다. 물빛 위로 산 빛이 포개지고, 한 송이 수련 혼자 꽃빛이다. 수면 위를 다독이는 햇살이 배 아플 때 쓸어 주던 엄마의 손바닥처럼 온유하다.

저수지의 아늑한 품은 늘 어머니를 그립게 한다.

물 버들 휘장을 드리우고 부레옥잠이 몸을 담그고 있다. 물비늘이 파르르 떨리는 걸 보니 물속에 누가 몸을 씻고 있나 보다. 누가 보지 않을까 눈치 빠른 생이 가래가 빈틈없이 가려준다. 갈대와 부들은 먼저 씻은 몸을 선 채로 말리고 있고. 검정말은 흔들흔들 머리를 헹구는 중이다. 이끼 낀 바위 이마에 물새 한 마리, 고요에 금이 갈까 사뿐 내려앉는다.

저수지는 산처럼 높지 않아도 산을 품고, 하늘처럼 광활하지 않아도 하늘을 품는다. 맨살로 태양을 받아 맨몸으로 길러 낸다. 맨발로 걸어 나서지 못하는 길, 길을 품어 길에 이른다.

콸콸 큰 소리 낸 적 없는 저수지는 현존하는 소크라테스다. '사는 게 왜 이리 힘드냐'고 물어보는 나에게 가만히 거울을 꺼내 건네 준다.

천년의 골격

용문사 은행나무

 봄빛을 품으러 가는 길이 풍선처럼 동동 뜬다.
 한 발 먼저 나온 들꽃들이 덩달아 앞장선다. 방글방글 해뜩거리는 민들레가 돌 틈 사이 보석처럼 빛난다. 그 옆으로 꽃 잔디 웃음소리가 무더기로 자지러진다. 허우대 좋은 벗나무는 어느새 만개하여 박장대소 깔깔대다 사색이 되어 낯빛마저 창백하다. 그 아래, 고개를 외로 꼬고 살포시 미소 짓는 제비꽃을 지나니 목을 젖혀 웃는 씀바귀를 만난다. 겨울을 관통한 생명들의 대장정이 시작된다. 비단결 햇살 아래 천지가 웃음판이다. 어제와 같은 것은 아무것도 없는 봄, 시간을 태운 계절이 급행열차다. 가지에 돋아나는 붓끝 같은 촉들이 하루가 다르게 무뎌지고, 몸빛 또한 어제의 빛깔이 아니다. 올라갈 때 벙근 꽃봉오리는 내려올 때 만개한다. 힘껏 빨아올린 물빛으로 시간마다 마른 가지가 엷은 풀빛으로 물들어 간다. 다투어 흐르는 시간 속에 천년을 한 자리에 돌올하게 서 있는, 우리나라에서 가장 크고 어른이신 은행나무를 영접하러 가는 길이 꽃길이다.

1300년 역사의 고찰 향기를 느끼며 일주문을 들어선다.

백년의 세월이 겹치고 겹쳐 강산이 변하기를 열 번 하는 동안 한 자리를 지켰다. 천년의 수령은 숫자를 처음 배운 어린아이가 간신히 하나, 둘, 셋을 헤아리다 아홉, 열까지 와서 우주의 끝이라 여기는 어림값이다. 그 긴 세월을 물처럼 흘려보내고 지금 이 자리 위풍당당 우뚝하다. 감히 단번에 마주하기조차 저어하여 나무의 발치에 눈길이 머문다.

천천히 고개를 들어보니 압도되는 장엄한 자태. 어떤 찬사도 어떤 문안도 차마 온당치 않아 벌린 입을 다물지 못한다. 천년, 천년을 되뇌며 나무의 끝을 올려다본다. 아스라이 높아 꺾어진 고개가 감당할 수 없다. 절로 두 손을 합장하고 표현할 수 없는 경외심으로 숙연해진다. 하늘을 우러러 부끄럼 없는 자세로 의연하다.

마른 가지가 하늘을 움켜쥐고 있다. 뿌리로는 땅을 서리서리 엮고, 나뭇가지로는 하늘을 향한 의지가 포효하듯 드높다. 나체의 골격은 맨몸이어서 더 빛난다. 나뭇잎 한 장 가리지 않은 채 드러난 뼈대와 근육이 우람하다. 녹음 무성한 여름이거나 황금빛 도포 자락을 두른 가을이라면 맨몸으로 발산하는 결기의 전율이 반감되었으리라. 천년을 하루같이 물만으로 버티어낸 겨울나무의 쓸쓸함이 아니다. 패권자의 의연한 위용이다.

은행나무는 고생대에 처음 출현해 공룡과 함께 인류보다 더 오랜 시간 지구를 지켜온 '살아 있는 화석'이다. 암나무와 수나무가 따로 있어 수꽃의 정자가 암꽃으로 들어가 수정하는 과정조차 신비롭다. 장수한 세월만큼, 고난의 옹이만큼 안고 있는 전설도 유래도 많다.

 신라의 마지막 경순왕의 아들 마의태자가 나라 잃은 설움에 서라벌을 떠나 금강산 입산 길에 심었다는 통곡의 나무요. 의상대사가 지팡이를 꽂아 두었는데 잎이 피고 나무가 자랐다는 신비의 나무다. 원효대사가 절 창건 후 중국에서 가져와 심은 역사를 품은 나무요, 원효에 이어 용문사를 중창한 풍수와 예언에 능통한 도선대사가 심었다는 유력한 나무이기도 하다. 나무를 베려고 톱을 대니 나무가 피를 흘리며 하늘이 흐려지고 크게 천둥을 치자 중지했다는 전설을 안고 있다. 정미의병이 일어났을 때 가장 큰 나뭇가지가 부러져서 위험을 알렸고, 일본군의 화재에도 은행나무는 살아남았다 한다. 고종이 승하할 때와 6.25, 4.19, 5.16에는 나무가 소리쳐 울었다고 한다. 사실과 관계없이 나무를 신성시하고 경외하는 마음의 응집이 낳은 전설일지라도, 지금 나무의 장엄 앞에 서니 그만한 예지와 통찰은 능히 지녔으리라는 확신이 든다.

 나무 주변에는 구걸하는 주문이 많이도 붙어 있다.
 자신이 혹사시킨 몸뚱이를 원상 복구해달라는 이, 공부 안 하는 아들 실력을 번쩍 들어 올려 달라는 이, 떠나간 연인을 데려다 달라는 이, 말이 소원이고 기도지 모두 가자의 소관이다. 구구절절 억지가 바람이 불어도 날아가지 못하도록 단단히 묶여 펄럭거린다. 나무의 속잎보다 많은 하소연이 바람이 불 때마다 나무는 고개를 갸웃거리며 꼼꼼하게 읽고 있다. 응답을 준비하는 모양이다.

 잔가지 손톱 끝까지 곧 진주처럼 돋아날 은행잎의 숨소리가 들린다. 무쇠 같은 수피에 동굴로 패인 상처 안에는 얼마나 많은 고뇌가 들어 있을까. 내려앉은 봄빛이 정3품 어른 앞에 공손히 고여 든다. 나무 끝으로 머문 시선 너머 구름도 겸손하다. 나도 두 손을 모은다.

제5부

나뭇가지에서 나는 소리

조락의 계절 앞에서 느끼는 인생의 무상함이여!
자연은 의구하건만 돌이킬 수 없는 젊음이여!
나뭇가지 끝에서 찬바람 소리 들리는
한 폭 경전이다.

난蘭, 넌

 난, 넌 어느 날 섬섬옥수 여인의 손에 들려 내게로 왔어. 너를 내 품에 안겨주며 그녀는 나를 꼭 닮았다고 말했지. 그녀는 내게 결혼 전 한문 공부를 한 처녀였는데 너를 안고 어엿한 여인이 되어 찾아왔어. 어찌 네가 나를 닮을 수 있을까, 닮으면 내가 널 닮으려 애쓰겠지. 평소 널 흠모하던 나는 덕담으로 하는 인사치레일망정 널 품에 안으며 매우 기뻤어. 모습도 성향도 나와 똑같다고 되풀이하는 그녀의 말을 앙큼하게 즐긴 것 같아. '그랬으면' 하던 바람을 '그런 거야'로 슬쩍 치환해서 시인하고 싶은 속셈이었던 거지.

 가냘픈 줄기는 직선인 듯 곡선을 그리며 매끈하게 뻗어 있고, 꼿꼿한 꽃대에는 맑고 진한 향기가 맺혀 있었어. 뿜어내는 향기가 얼마나 그윽한지 그 향기 속으로 빠져들었어. 정말이지 너의 향을 맡고 있으니 몸이 나른해질 정도였거든.

 그 후 나는 함께하는 몇 포기 난이 있었지만 네게 더 마음이 쏠렸어. 날 닮았다는 그녀의 말을 내심 믿고 싶었던 거야. 너는 이름마저 아주 내 마음을 훔쳤지. '철골소심鐵骨素心, 철 같은 뼈를 갖고 순결하게 흰 꽃을 피운다.' 그리고 보니 '외유내강'을 지향하는 나와 비슷한 점도 있다고 믿어졌어. 너를 보고 있으면 너의 꽃말처럼 참 청초하고 깨끗해. 그래서 늘 너를 가까이 두고 들여다보며 닮으려고 한단다. 네가 내 곁에 온지도 5년이 흘렀네. 그동안 너는 한결같이 순결한 빛으로 해마다 꽃대를 올리고 있지만, 나는 네게 특별히 해준 게 없네. 네가 있는 이곳 차실은 겨울엔 겨우 얼지 않을 정도로 추운 곳이거든. 그런데 너는 오히려 저온에서 겨울을 견디어야 다음 해 꽃을 더 잘 피운다면서. 나도 학창 시절 쉬는 시간이면 춥다고 우르르 난롯가로 모여드는 친구들 틈에 한 번도 끼지 않았어. 좀 추우면 견디면 되지 체통 없이 쪼르르 갈 게 뭐람 뭐 그런 생각이었거든. 그래서 추위에 저항력이 생겼는지 여간해서 감기 같은 거 안 걸리거든. 어쩜 그러고 보니 추위를 견디는 힘도 널 닮았네. 그 흔한 영양제도 한번 주지 않고 오로지 맹물만 주면서 너를 닮으려고만 했어. 나도 지금까지 영양제를 먹어보지 않아서 너도 물 밖에 줄 줄 몰랐던 거야. 그런데 참 다행이지 너도 이렇게 당당한 자태로 꽃을 피우고, 나도 널 닮아 아직은 아프지 않고 꿋꿋하니 말이야. 그리고 보니 우리 꽤 닮았는걸.

며칠 전 푹푹 찌는 날씨에 너는 얼마나 더울까 세수라도 시켜주려고 보니 날렵한 잎 사이로 꽃눈 한 촉이 콩나물처럼 고개를 들고 올라오는 게 아니겠어.

눈이 오는 겨울에도 꽃대를 올려 나를 황홀하게 해 주었지. 내년을 기대했는데 이 무더위에 나를 또 설레게 하고 있어. 꽃눈이 고개를 들고 목 가누기를 하더니 오늘은 휘어진 난 사이를 뚫고 꼿꼿한 꽃대를 세웠네. 위에서부터 다섯 송이 꽃망울이 은방울처럼 매달려 다소곳이 고개를 숙이고 있어. 나는 너를 탁자로 안고 와서 개화의 순간을 기다렸어. 출산을 기다리는 산파처럼 만반의 준비를 하고 네게 몰입했지. 준비라야 기다리는 동안 내가 마실 차 한 잔과 너의 모습을 담을 휴대폰 카메라가 전부지만 말이야. 맨 꼭대기 꽃잎이 배시시 눈을 뜨는가 싶더니 토끼 귀 같은 뾰족한 꽃잎을 쫑긋 세우고 나비 한 마리 날개를 펼쳤어. 희디흰 백색은 너무 눈부시어 그것도 사치라 여기는지 노르스름한 연둣빛을 머금었네. 자로 잰 듯 삼각구도의 단정한 모습이 좌우 대칭을 이룬 이 고고한 자태를 어찌 표현할 수 있을까. 세 장의 펼친 꽃잎 가운데 암술 기둥이 봉긋하게 부풀어 중심을 잡아주고 있네. 숨을 들이마시자 가슴속까지 차오르는 맑고 은은한 향기, 단아한 모습처럼 향에도 격이 있다면 네가 지닌 향기야말로 가장 상위라고 생각해. 격이 다르거든. 낭창하게 뽑아 올린 이파리의 미끈한 탄력이며, 빼어난 자태가 비할 데 없이 곱기만 하구나.

난향만리蘭香萬里라, 만물의 이치가 진한 만큼 좁고 낮은 만큼 멀리 퍼지거늘, 너의 향은 깊으면서 멀리 퍼지는 고매한 격을 지녔어. 세상 밖 선경의 향기世外仙香니 군자를 일컬어 너의 향기와 같다似蘭斯馨느니 칭송하는 데는 백번 충분한 이유가 있다마다.

 너의 꼿꼿함 속에는 부드러움이 있고, 너의 가냘픔 속에는 강인함이 있어. 그래서 '난을 그리다'라고 하지 않고 '치다'라고 하잖아. 철 같은 뼈에 지닌 기氣를 담아 내려면 붓으로 치는 필력 없이는 어림도 없는 일이지. 나도 사군자를 공부할 때 난 치는 공부를 가장 먼저, 가장 오래 했거든. 아직도 제대로 너의 기氣와 품品을 담을 수는 없지만 말이야. 너의 자태뿐만 아니라 품고 있는 정기를 딸아이도 이어받기를 염원하고 있지. 딸이 태어난 날 남편이 만든 도자기에 정성껏 난을 치고, 출생일시를 써서 남겨 주었어. 평생 간직하며 널 본받으라고 말이야.

 일주일이 지났어도 넌 여전히 갓 씻은 듯 맑은 얼굴에 고운 향 그대로구나.

 눈에 넘치는 빼어난 맵시는 가슴에 담고, 코로 모자란 향기는 귀로 들으며 너를 꼭 닮고 싶어.

거장의 시선, 사람을 향하다

 사람의 시선이 하늘에 닿는 9월이다.
 쪽빛으로 밑그림을 완성한 하늘은 무엇을 그릴까 고민 중이다.
 '거장의 시선, 사람을 향하다'를 관람하기 위해 사람들이 모여든다. 9월의 햇살을 가슴으로 끌어들여 허한 마음 밭에 씨앗 하나 묻고 싶은 거다. 쫓기듯 살아가는 일상, 명화의 우물 속에서 다정한 감성의 두레박을 퍼 올리고 싶은 거다. 빛과 색이 조곤조곤 속삭이는 목소리를 듣고 싶은 거다. 때로 그림 속에서 걸어 나오는 이가 보내는 윙크에 심쿵하고 싶은 거다.
 사진으로만 보던 거장의 작품을 직접 만난다는 기쁨으로 두근두근 걸음을 옮긴다. 한국과 영국 수교 140주년을 기념하여 국내 최초로 영국의 내셔널갤러리 소장 명화가 전시되는 국립중앙박물관이다. 이름만으로도 익숙한 반 고흐, 르누아르, 고갱, 렘브란트, 토머스 로렌스, 마네와 모네, 고야, 라파엘로 등과 함께 카라바조, 푸생 등 서양미술 대가 52점을 한 눈에 볼 수 있다 하니 비행기에서 내려 영국의 내셔널갤러리를 입장하는 듯 설렌다.

신과 종교의 중심이던 유럽미술이 사람을 향한 관심으로 바뀌는 '르네상스' 시대다. 추상적으로 그리던 신의 세계를 과학적으로 분석하고 관찰하여 화면에 담기 시작한다. 신을 사람과 닮은 모습으로 그렸고, 자연을 배경으로 사랑, 절망, 두려움 등 인간의 감정을 드러낸다.

보티첼리의 〈성 제노비오의 세 가지 기적〉은 실제 기적이 일어났다는 '산피에로 마조레' 광장이 배경이다. 훗날 피렌체의 수호성인이 된 주교 성 제노비아가 저주받은 아들을 치유하는 모습과 죽은 소년을 살리는 광경, 눈을 치료하는 기적이 한 장에 분할하여 성서 속 이야기가 현실적으로 묘사되어 있다. 그림의 뒤로는 멀리 나무와 산을 그려 넣어 자연을 담았다. 보티첼리의 우아한 〈비너스의 탄생〉만 기억하는 나는 이번 그림이 퍽 생소하다. 자로 잰 듯 계산된 원근법이 공간의 깊이를 명확하게 느끼게 하지만, 서정보다는 도식화된 사실화로 다가온다.

라파엘로의 〈성 모자와 세례요한〉은 성모 마리아와 아기예수, 그리고 세례 요한이 아기 예수께 부활의 상징인 카네이션을 건네는 모습이다. 명암법으로 입체적인 사실 세계를 표현했다. 신성시하던 존재를 현실세계로 끌어들이면서 사람을 향한 시선으로 옮겨간다. 예수와 성모에게 모성애라는 감정이 담기면서 신적인 존재가 인간의 감정으로 동감할 수 있는 데까지 다가오고 있다.

강렬한 다홍색 드레스가 눈길을 끄는 〈붉은 옷을 입은 여인〉은 모로니의 전신 초상화다. 상체 위주의 초상화에서 벗어나 호화로운 귀족의 복식으로 새틴 드레스의 고급스러운 광택과 주름까지 사진처럼 또렷하다. 드레스의 꼬임 장식, 부채의 무늬와 반지 등 섬세한 질감과 선명함에 눈을 뗄 수가 없다. 그림은 내가 보는데 걸음을 옮겨도 그림 속 여인은 내게서 눈을 떼지 않는다.

이번 전시 도록의 표지가 된 바로크 시대의 이탈리아 화가 카라바조의 〈도마뱀에게 물린 소년〉이다. 꽃을 집으려다 갑자기 뱀에 물려 당황하고 놀라는 표정이 현장에서 일어나고 있는 듯 감정까지 전해진다. 물린 손가락의 근육과 힘줄이 고스란히 드러나고, 화병에 얼비치는 상문, 맺혀 있는 물방울까지 표현되었다. 꽃병의 꽃도 곧 시들어 사라질 덧없음을 그리고 싶었던 것일까. 왼쪽에서 비추는 빛과 어둠의 극대화로 역동성이 느껴진다. 바로크 시대의 특징이 그대로 드러난다. 바로크가 고귀하고 아름다운 미술을 진주에 빗대어 '일그러진 진주'를 뜻한다는 걸 알고 나니 바로크 시대를 이해하는데 연결고리가 된다.

 일그러지지는 않았지만 그렇다고 평화롭지는 더욱 아닌 한 노인의 눈동자와 눈이 맞았다. 한 생의 풍파를 겪고 난 고달픈 노후의 체념한 눈빛은 63세의 렘브란트다. 화려한 전성기를 거쳐 80여 점의 초상화를 그린 거장이 남긴 자신의 모습은 초라할 만큼 현실적이다. 사진을 골라도 그중 환하고 활기찬 모습을 고르는 게 인지상정인데, 이 고달프고 애처로운 솔직함은 무얼까. 투박한 피부의 질감과 주름의 표현이 가까이에서 보면 거칠지만 물러서서 보면 실물보다 더 실물 같다. 내가 초상화의 주인공 나이쯤에 와 있어서일까, 꾸미지 않은 진실에 대한 감동일까, 동병상련의 울림이 길게 남는다.

 강렬한 빨간 옷에 표정과 자세가 어린아이 같지 않은 당당함으로 단번에 눈길을 끄는 토마스 로렌스의 〈레드 보이〉다. 아들의 초상화를 그려달라는 한 백작의 주문으로 탄생한 작품이란다. 내가 이번 전시에서 가장 오래 머물다 온 작품이기도 하다. 초롱초롱한 눈망울과 뽀얀 피부, 앵두 같은 입술이 사내아이라고 보기엔 믿기지 않을 만큼 귀엽고 예뻐서만은 아니다. 한 손으로 머리를 괴고 한쪽 다리를 척 꼬고 앉아 있는 여유가 쉽게 지나칠 수 없게 붙잡는다. 어두운 밤 달빛에 비쳐 빛나는 빨간색 벨벳 바지로 반쯤 깔고 앉은 꽃다발은 무얼 시사하는 걸까. 아이가 응시하는 곳을 따라 가면 알 수 있을까. 폭신한 소파인 줄 알았던 아이가 앉은 자리는 한 바퀴를 돌고 와서 다시 보니 바위였다. 이슥한 밤중에 차가운 바위를 배경으로 삼은 배경은 또 무엇이었을까. 13살에 결핵으로 죽음을 맞이했다는 소년을 감싸고 있는 그림자를 곳곳에 널 어놓았다.

 마지막으로 걸려있는 모네의 대작 〈붓꽃〉이다. 거칠고 빠른 필치가 마치 추상화처럼 느껴진다. 보이지 않는 시력으로 손끝의 감각이 피워낸 꽃잎 한 장 한 장을 들여다보자 마음이 숙연해진다. 모네의 〈수련〉 앞에서 생각했던 폴 세잔이 '모네는 신의 눈을 가진 유일한 사람'이라고 말한 의미를 다시 한 번 떠올린다. 잠시 눈을 감아 본다. 치열한 모네의 삶이 보랏빛 푸른 붓꽃으로 아슴푸레 펼쳐 있다.

 '예술은 삶으로 상처받은 사람들을 위로하기 위한 것이다.'라는 반 고흐의 말이 내가 미술관을 찾는 이유다. 두 번 세 번 돌아봐도 담을 수 없는 감동과 닿을 수 없는 메시지는 물들어 가는 가을 나무에게 마저 물어보자.

고귀함의 의미
외규장각 의궤

    기와를 얹은 단층이 재현된 외규장각 문 앞에 섰다.
    선뜻 발을 들여놓기가 서름서름하다. 145년 만의 귀환이라는 엄숙함과 설렘이 교차한다. 고 박병선 박사의 집념과 의지를 방송에서 보고 존경과 감동으로 눈물 흘리던 기억이 새롭다. 긴 세월 고국을 떠나 있던 의궤의 한과 울분 같은 것이 섞여 숙연해진다. 의궤가 돌아오기까지 바친 한 분의 일생을 돌이키니 착잡한 심정이 된다. 국립중앙박물관에서 만나는 '외규장각 의궤, 그 고귀함의 의미'를 내건 건물의 모습이 단아해서 더 귀하고 소중하다.

    온화한 조명 아래 '비례물동非禮勿動' 커다란 족자가 먼저 눈에 들어온다. '예禮'로 시작해서 '예'로 끝나는 조선의 정신이 굵직한 글씨로 옥책 앞에 칙령처럼 위엄 있다. 옥에 금으로 쓴 임명장은 왕대비 책봉의 옥책이다. 옥玉판 위에 금니金泥, 그 존재만으로도 빛나고 귀하다.

왕실의 족보, 선왕의 문집이 가지런하다.

　의궤는 임금만 보는 어람용과 관청에서 돌려보는 분상용으로 구분되어 있다. 어람용 의궤에는 왕실의 출생, 책봉, 혼례와 장례 등의 통과의례, 잔치나 제사, 어진 제작, 기록물 편찬, 성곽이나 궁궐 건축, 무기나 악기 제작 등이 기록되어 있다. 건축물의 구조, 의례의 준비나 진행 과정, 절차와 내용, 소요 경비, 참가 인원, 포상 내용 등이 담겨 국정 운영의 근거가 된다. 또한 그림으로 상세하게 표현된 반차도班次圖와 도설圖說 등은 투시도를 보고 있는 듯 생생하다. 올바른 예법으로 다스렸던 조선의 통치철학을 고스란히 담고 있는 역사자료의 보고이다.

　1970년대 프랑스에서 개장한 의궤의 표지도 그대로 전시되어 있다. 표지에 새겨진 비단의 무늬도 구름문에서 연화문으로 바뀌고, 영조 때에는 무늬가 없는 표지다. 사치스러움을 금하고 근검절약을 왕실에서부터 실천한 모범으로 정갈한 품격이 느껴진다. 문화재로서의 가치, 조선 왕실의 문화와 역사가 고스란히 담겨 있다.

　297책의 외규장각의궤 가운데 245책이 네 벽면 가득 칸칸이 꾸며진 서가에 차곡차곡 모셔져 있다. 의궤의 특징은 '상세하게, 알기 쉽게'다. 글도 사세하게 기록하고, 읽는 그림圖說을 덧붙여 『조선왕조실록』보다도 더 알기 쉽고 구체적이다. 소실된 경희궁을 재건축할 당시 미포상하식米布上下式이라는 기록에는 인부들 품삯으로 쌀 몇 말, 베 몇 포까지 소상하게 적혀 있다. 제기의 일종인 코끼리 항아리 '상준象罇' 그림에는 코끼리의 목주름까지도 묘사되어 있을 만큼 생생하다.

고귀함의 의미　189

상준은 남편이 조선의 제기를 재현하기 위해 만든 도자기 덕분에 더 눈길이 간다. '조선시대의 표준화 지침'이라고 설명하는 안내자의 말에 충분히 수긍이 간다. 바로 옆으로 실물 항아리를 진열해주어 '상준'이라는 이름이 생소한 이들에게 도움을 주는 박물관의 센스에 감상의 묘미는 배가 된다.

어람용 의궤는 그 자체만으로도 우리의 국보요, 보물이다. 당대 최고의 화원들이 그림을 그리고, 질 좋은 안료를 여러 번 덧칠하여 시간이 지나도 변하지 않는 지금의 모습을 간직하고 있다. 비단으로 꾸며진 표지부터 표제도 비단에 쓴 글씨 표제를 따로 붙였다. 놋쇠물림으로 장식하고 국화 문양 못을 박아서 묶었다. 최고급인 초주지에 마치 원고지처럼 일일이 붉게 줄이 쳐져 있다. 초주지는 일반한지에 비해 6배 이상 밀도가 높은 종이다. 빨간 줄에 맞추어 써내려간 해서체가 한 자 한 자 어명처럼 또렷하다. 기록물의 한계를 넘어 당시 최고의 예술 작품이다.

외규장각은 왕실 관련 서적을 보관할 목적으로 정조 6년에 강화도에 설치한 왕립도서관이다. 병인양요 당시 프랑스군에 의한 외규장각의 화재로 세상에 단하나 뿐인 유일본 수백 점이 소실되고, 수많은 귀중본과 의궤를 빼앗겼다. 이후 프랑스 파리 국립 도서관에 묻혀 있던 의궤가 1975년 박병선 박사에 의해 존재가 밝혀졌다. 그 후 우리 정부와 많은 이들의 노력으로 5년 단위 갱신의 대여 방식으로 반환에 합의를 거쳐 1993년 1권, 2011년에 296권의 의궤가 145년 만에 우리 품으로 돌아오게 되었다.

외규장각 의궤 〈조선의 사수도〉가 새롭다. 삼국시대나 고구려 고분벽화에서 나온 사신도만 알고 있었다. 왕과 왕비가 능에 묻히기 전 모셔두는 집 안쪽 벽에 그린 수호신이다. 능에 모시고 나면 태워 버리기 때문에 오직 의궤에서만 볼 수 있는 귀한 그림이다. 12장 종이를 이어 그린 〈서궐도안〉은 경희궁 화재이후 재건축의 모습이다. 창호의 수량과 모양까지 세세하게 기록되어 원래의 경희궁 모습을 유일하게 보여주는 그림이다. 국장도감인 효종 장례행렬에는 6천여 명이 동원되었다 하는데 〈발인반차도〉 그림이 그 장엄을 말해 주고 있다. 영조와 정순왕후 혼례식의 모습인 〈주자가례〉에는 상에 올렸던 음식의 순서, 제기, 색깔, 종류, 악공의 옷, 깃발의 색까지 그대로 재현 가능하다고 한다. 그야말로 완벽한 기록문화 유산이다. 경종과 단의왕후가 결혼하는 과정을 담은 〈친영親迎의례〉를 볼 때는 허난설헌이 당시 맞이한 비운을 떠올리니 애잔하다. 문효 세자를 책봉하는 과정을 담은 창덕궁 인정전의 책례는 사신보다 더 세밀하고 방대한 묘사에 놀라움을 금할 수 없다. 어진과 그 예를 다룬 〈도감의궤〉에서는 영조가 선농단에서 밭을 가는 친경에 쟁기를 몇 번 미는지까지 그림과 함께 기록되어 있다.

〈외규장각 의궤〉는 '기록문화란 이런 것이다'라고 내린 정의의 보물이다.

조선의 정신적 근간이자 500년 역사의 문화 자산이요, 세계가 인정한 기록문화유산인 조선왕조의궤! 예禮로써 나라를 다스리고 백성들을 이끄는 의궤 속 통치 철학이 시사하는 바를 오늘 우리는 다시 한번 새겨야 하지 않을까.

전시장 마지막에 복원 제작해 놓은 어람용 의궤를 조심스럽게 넘겨 본다. 붓끝에서 살아난 그림 속 인물들이 걸어 나와 말한다. '우리의 조선은 예를 실천 덕목으로 질서 속에서 조화로운 사회를 꿈꾸었노라'고.

마른 몸이 우러르는

강대나무

　불볕 바람이 나뭇잎 사이를 통과하자 사근사근하다. 눈치 없이 몸에 감겨 진득하게 달라붙더니 싹싹하기가 사과 향으로 상큼하다. 수풀 너머 시내 전경이 나지막하게 내려앉았다. 눈으로 짚으며 걸어가는 익숙한 풍경이다.

　주일 예배를 마치고 성당의 뒤뜰로 들어서면, 또 하나의 초록 성전이 나를 기다리고 있다. 나무와 나무 사이를 징검다리 삼아 포륵포륵 날아오르는 새들의 지저귐이 모여 연주회를 연다. 초록의 나뭇잎들이 부딪히며 화음을 넣어준다. 아기 주먹만 한 모과를 매단 모과나무 이파리가 하늘을 배경으로 투명하게 빛난다. 늘씬한 키의 메타쉐콰이어도 올망졸망 열매에 무늬를 넣었다. 그 아래로 주근깨 많은 범부채는 뭐가 그리 우스운지 하늘을 향해 활짝 자지러진다. 웃음 그친 꽃잎들이 돌돌 몸을 만 자리엔 통통한 열매가 맺히는 중이다. 계단 담벼락을 타고 오르는 능소화의 얼굴이 뙤약볕에 화끈 달아올랐다.

바람 한 자락이 불 때마다 나뭇잎이 드리운 그늘도 따라 흐른다. 그 사이를 파고드는 햇살과 그늘이 빚어 내는 환영 속에서 또렷해지는 나를 느낀다. 내가 숲을 보는가, 숲이 나를 보는가. 숲으로 오면 갈팡질팡 흩어진 나를 찾아오게 된다. 흐트러진 생각들을 안으로 오므리다 보면 오목한 나를 발견한다. 풀 향기 속에 오롯이 두 손 모으는 내가 있다. 숲에서는 성전에서 드리는 예배와는 다른 나만의 풀밭 예배가 있다. 숲 가운데 너럭바위가 들마루처럼 놓여 있다. 앉아서 나무의 이마를 올려다본다. 나무가 거느린 그늘의 두께는 가깝고도 멀다. 투명하고도 어둡고 선명하고도 흐릿하다.

숲속 성전에는 풀 옷조차 걸치지 않은 나신으로 하늘을 우러러 기도하는 한 구도자의 맑은 고뇌가 있다. 그 앞에 서서 마른 몸이 전해 주는 촉촉한 말씀을 듣는 시간이 나는 좋다. 모과나무, 산수유나무, 소나무가 저마다의 자리에서 저마다의 속도로 크고 있다. 저쪽으로 상수리나무, 느티나무, 참나무 사이로, 생명의 속도를 멈추고도 의연한 자세로 서 있는 강대나무다. 오늘도 그의 기도는 간절하다. 가만히 그에게 기대니 그의 기도 소리가 들린다.

'저를 쓰러지지 않게 붙잡아주셔서 감사합니다. 제 목숨이 다한 이후에도 저를 다정한 벗들 곁에 오래 머물게 해주셔서 감사합니다. 그들과 함께 빗물을 마시고 첫눈을 즐기며, 바람과 놀게 해주시니 감사합니다. 제 열매를 따먹던 새들이 빈털터리 된 저를 여전히 찾아와 제 바짝 마른 팔뚝에서 쉬다 가게 해주시니 감사합니다. 제가 자란 성전에서 멀리 데려가지 않으시고 이곳에서 기도할 수 있도록 허락해주시니 감사합니다. 은은하게 울려 퍼지는 성가를 들으며 내 이웃 나무들의 푸름을 위해 기도하는 시간이 제게는 얼마나 큰 행복인지 모릅니다. 지금까지 가르쳐 주신 것처럼 봄꽃은 봄에 피게 하시고 여름 꽃은 여름에 피게 해 주소서. 키 작은 나무가 남의 자리를 탐하지 않게 하시고, 키 큰 나무가 키 작은 나무를 업신여기지 않게 해 주소서. 살아있는 모든 풀과 나무들이 피고 지는 때를 알고, 서로에게 양지와 그늘을 필요할 때 서로 나누게 하소서. 모든 생명이 제 속도를 알고 지킬 수 있게 해 주시고, 인내 없이 웃자라거나, 노력하지 않고 거저 열매를 보유하지 않게 해 주소서. 온유한 이 숲에 요행에 의지하거나 횡재에 눈먼 훼방꾼이 나오지 않게 해 주소서. 힘껏 뿌리를 통해 얻은 양식으로 울창한 숲을 이루게 하소서. 그리하여 건강한 숨에서 나온 건강한 산소로 건강한 우주를 가꿀 수 있는 힘을 주소서. 서두르지 않고 차분한 호흡으로도 우주를 정화할 수 있게 해 주시고, 제 정성이 키운 열매로 배고픈 이의 족한 먹이가 되게 하소서. 제가 이웃 나무들에게 미관상 민폐를 끼치거나 조금이라도 걸림돌이 된다면 가차 없이 제거해 주소서. 혹여 도구가 필요한 이에게는 도구로, 가구가 필요한 이에게는 가구로 아낌없이 쓰이게 해 주소서. 물기 없는 제 몸이 만약 그마저 쓸모없어지면, 검불 대신 불쏘시개로라도 쓰일 수 있기를 간절히 기도드립니다.'

풍성한 초록의 향연보다 나를 곧추세우는 건 헐벗은 한 그루 빈자로 서 있는 강대나무다. 잎도 푸름도 벗어버린 지 오래다. 삭신에 남아 있는 껍질마저 바람에 다 공양하고 혈혈단신 혼자다. 그러나 강대나무는 내리쬐는 직선의 태양 아래 하늘을 우러르고 있다. 버릴 것 다 버리고 남아 있는 나무의 핵심. 타고난 숨도, 지녔던 빛깔도 모두 버리고, 물기조차 말라버린 알몸으로 하늘을 우러르고 있다. 태풍이 몰아칠 때나, 세찬 폭우가 쏟아지는 날도 한 치의 미동 없이 하늘을 우러르고 있다. 그늘 옷을 지어 입은 곁에 있는 나무를 부러워하지도 않고, 황금빛 모과나무의 탐스런 수확을 넘보지도 않는다. 그는 푸르른 새 날을 또 살고 싶다고 억지 부리지도 않고, 한 번 더 영화를 누리게 해 달라고 애원하지도 않는다.

주여! 강대나무의 기도를 저 또한 깨닫게 해주소서.

병病인 양 금金인 양
매미와 귀뚜리

 떠나야 할 때를 아는 울음이다. 외마디로 뽑아 올리다 뚝 그치고 시무룩하다. 사력을 쏟아 보지만 패기가 없다. 폭포 소리로 우렁차던 매미 울음이 울다 쉬다 이어지며 연명한다. 태풍으로 주춤한 날씨가 성큼 가을을 데려다 놓았다. 숲을 건너온 바람이 영 딴판이다. 옷 사이로 스며드는 청량함이 나무가 불어 주는 휘파람 같다.
 입추가 지나면 매미의 목청이 다르다는 걸 나는 안다. 찾아오는 이 맞이하는 설렘보다 떠나는 이 보내는 아쉬움 쪽으로 기우는 내 촉으로 해마다 감지하는 일이다. 매미의 단순 명료한 생의 궤적을 알고 난 후부터는 더욱 그렇다. 이맘때쯤 매미의 스러져가는 뒷모습이 안쓰러운 나머지 귀뚜라미의 폴짝대는 거동이 방정스럽다고 여기기도 한다. 우는 사람 위로한답시고 기타 치는 시누이처럼 살짝 밉상이기도 하다.

저녁 산책길에 발 앞에 툭 떨어진 물체가 움직움직한다. 다가가 보니 매미다. 날개를 푸드득거리며 맨 처음 날아오르던 때의 몸짓을 시도해본다. 그렇게 될 것 같지 않다. 나는 쪼그리고 앉아 한 생이 가는 길을 지켜주기로 한다. 사람들 발길에 채이지 않도록 안전한 곳에 몸을 뉘였다. 몸을 떨기도하고 날개를 털기도 한다. 한 생을 마무리하는 몸부림은 탄생만큼이나 숭고하다. 짝을 부르고 부름에 응답하는 이 생의 과업을 기적처럼 완수했으므로 미련 두지 않는다.

사람마다 사랑을 전하는 고백이 다르듯 매미 또한 짝을 부르는 소리가 다르다. '맴~맴~ 매 애 엠' 하고 리듬을 쳐주기도 하고, '차르르~' 하고 쌀 쏟는 소리를 내기도 한다. 어느 땐 '쓰름쓰름~' 뜨거운 음식 먹고 입 닦는 소리를 낸다. 저녁 퇴근길에는 '쓰르람 쓰르람~' 아리랑 타령조로 운다.

매미는 긴 감내, 뜨거운 사랑, 짧은 속세의 지혜를 터득했다. 7년간의 긴 지하 생활을 굼벵이로 버티고, 속전속결로 바깥세상에서 주어진 소임을 수행한다. 수컷은 목이 터져라 암컷을 부르고, 구애에 응답한 암컷은 산란으로 역할을 완수한다. 짧은 생에 긴 여정을 완결 짓는다. 인내는 무거웠고, 고백은 절절했으며, 사랑은 뜨거웠다고 바삭한 매미 껍질이 말한다.

나는 매미의 담백하고 정갈한 삶의 자세가 좋다. 매미는 글자에서도 매미 선蟬자의 단單이 '홀, 오직, 하나'를 뜻한다. 간결하고 단순한 생을 상징하고 있다. 땅속에서 긴 유충생활을 마치고 겨우 나무 위에서 보낸 생이 전부다. 불개미의 공격과 천적의 눈을 피해 나무에 오르는 지혜. 안전한 곳에서 허물을 벗고 몸과 날개를 나무의 결과 색으로 바꾸는 지혜. 싸돌아다니지 않고도 점잖게 한자리에서 세레나데로 짝을 찾는 지혜. 거기에 덕까지 갖추었으니 군자의 면모를 겸비했다. 단순하고 깨끗한 그의 삶을 닮으려 조선시대에는 임금의 곤룡포와 익선관翼蟬冠을 상복常服으로 택했다. 지혜와 함께 오덕五德을 칭송하기도 했다. 갓끈처럼 뻗은 입이 학문에 뜻을 둔 선비와 같은 문덕文德, 곡식을 해치지 않고 사람을 귀찮게 하지도 않아 염치를 아는 염덕廉德, 집 한 채도 욕심 부리지 않는 검덕儉德, 때에 맞춰 행동하는 믿음을 가졌으니 신덕信德, 이슬과 수액만 먹는 청렴한 청덕淸德이 그것이다.

그녀는 대학 다닐 때 같은 과에서 만난 남자와 사귀었다. 학교 다니면서는 친구로 지내다 군대에 가고 나서야 서로 사랑이 싹트기 시작한다. 가까이 있으면서 느끼지 못했던 애틋한 감정이 군 생활 3년 동안 몹시 힘겨웠다 했다. 매미가 나무 뿌리의 수액으로 유충 시절을 견디듯 그들은 서로의 사랑으로 힘든 시간을 이겨냈다. 기다리던 복무를 마치고도 남자의 식상 문제로 4년이 지나도 결혼은 꿈도 꾸지 못했다. 가까스로 결혼에 직면하자 양가의 반대에 다시 봉착했다. 상황이 어려울수록 둘의 사랑은 뜨거웠고, 결국 2년이 또 지나고 나서야 결혼하기에 이르렀다. 친구의 동생이지만 특별히 살갑던 그녀이기에 길고 힘든 견딤만큼 길고 벅찬 누림이 있기를 간절히 기도했다. 행복에 겨운 그녀와는 잊은 듯 지냈다. 2년 쯤 지났을까 남편이 암 진단을 받았다는 황당한 소식을 듣고는 차마 연락하지 못했다. 몇 달이 지나 암을 이겨 내지 못한 그는 그녀의 곁을 떠났다. 뱃속에는 다음 달이면 세상 밖으로 나올 아기를 만나 보지 못한 채.

그녀는 씩씩하고 당차게 살다가도 한 번씩 봇물 터지듯 울어야 살 수 있다고 한다. 여름 매미처럼 목을 놓고 울고 나면 속이 시원해지고, 다시 아이만 보며 살아갈 힘이 생긴다고 한다. 여름내 울어 대는 매미는 그녀의 울음을 대신하는 곡비다. 그래서 매미 울음소리는 곡진하고 애절하지만 악착같다. 그리고 그녀처럼 지순하다.

떠나려는 매미도 울고, 한 철을 풍미할 귀뚜리도 운다.

다급해진 매미 울음은 가을 들판이 병病인 양 깊어 가고, 때를 만난 귀뚜리의 노래는 들녘이 금金인 양 찬송한다.

후 불면 저 만큼 날아가는 매미는, 하도 울어서 이제 눈물조차 말랐다는 그녀의 어깨처럼 가볍다.

안심을 처방받다

아들이 가보지 않은 길을 나서는 날이다. 빗줄기가 나 대신 가만가만 어깨를 두드려 안심시킨다.

스스로 원해서 선택한 일이니 즐거움이라고, 알지 못하는 곳이니 호기심어린 도전이라고, 휴대폰 하나만 있으면 모두가 통하는 세상이라고, 다 커서 제 갈길 알아서 가니 좋겠다고. 부모에게 손 안 벌리고 혼자 알아서 하니 얼마나 좋으냐고.

그러나 어미가 된 사람은 다 안다. 아무리 좋은 곳이라도 자식을 떠나보내는 가슴은 푹 꺼진 채 울고 있다는 것을. 낯선 곳에서 몇 달 살아야할 짐 가방이 무거운 만큼 보내는 어미의 조바심 보따리도 묵직하다. 아들을 태운 공항버스가 움직이기 시작한다. 두 손을 필요 이상으로 흔들어 대며 활짝 웃어 보이는 건 울컥한 순간을 들키지 않으려는 내 너스레다.

막내아들은 대학교를 졸업하며 국가무형문화재 사기장 이수자가 되었다. 이른 나이에 인정을 받았으니 자리매김을 위해 이제부터 시작할 때라고 말하며 매 시간을 허투루 보내지 않았다. 내가 해주고 싶은 말을 먼저 깨닫고 실천하며 졸업 후 길지 않은 시간 동안 몇 번의 개인 전시를 했다. 국내 도자 작업실을 찾아다니며 또 다른 가르침을 받고자 레지던시 생활을 자처해 왔다. '지금은 출품해서 인정받고자 할 때가 아니고 자신을 채울 시기'라고 말하는 아들의 단단한 생각을 전적으로 동의하며 응원한다. 이번엔 세계 8개 도자기 센터 중 하나로 국제 예술가들이 모이는 덴마크 국제아티스트 레지던시 과정에 지원하여 합격했단다. 그 동안 자신이 계획하고 모은 돈으로 덴마크에서 과정을 마치고, 북유럽을 거쳐 독일, 영국 등지를 여행하고 온다는 것이다.

1년 가까이 레지던시로 있던 공방에서 날짜에 임박해서 집으로 돌아왔다. 돌아와서 밤늦게까지 서류 준비와 정리에 바쁘다. 바라보자니 안쓰러우나 애써 태연한 척한다.

며칠이라도 집에서 쉬다 갔으면 좋으련만. 물가가 비싸서 햄버거 하나에 2만 원이라던데 뭘 먹고 지내나, 여행자를 노리는 소매치기가 판을 친다는데, 먹는 물에 석회가 많이 섞여 나온다는데……, 보내는 나는 답답하고 떠나는 아들은 담담하다.

작업용으로 1년 내내 신던 운동화도 하나 샀으면 싶고, 추워질 그곳 날씨에 가볍고 따뜻한 겉옷이라도 장만했으면 싶다. 소소한 준비물도 많을 거라는 지레 짐작과 '만약'이라는 위험한 가설을 들었다 놨다 심기가 복잡하다.

가까스로 떠나기 전날 몇 가지 준비물을 챙기러 나왔다. 소모품이라도 챙기려는 내게 뭐는 있고, 뭐는 대체하면 된단다. 다 떨어진 작업화를 사자 하니 신던 신발이 편하단다. 새것은 아끼게 되어 헌 신이 만만하고 좋은 거란다.

경비를 보조해야 하지 않느냐는 말에 이제 본인은 성인이고 본인은 엄마를 챙길 나이니 그런 걱정은 할 필요 없단다. 물 설고 낯선 곳에 건강을 염려하니 어느 곳이나 사람 사는 곳이란다. 그 사람들 사는 대로, 없으면 없는 대로, 다르면 다른 대로 살아가게 된단다. 주객이 전도 되었다. 보내는 엄마는 전전긍긍하고, 길을 나서는 아들이 내게 안심처방전을 내려준다. 키우며 당부하던 말들이 고스란히 내게 다시 돌아오고 있다. 통 큰 계획을 혼자 계획하고 결정한 후에 알려온 용기에 짐짓 놀란다. 이제 엄마가 어줍잖게 훈수를 둔답시고 쭈빗쭈빗 개입할 단계가 아님에 또 놀란다. 그 나이에 좌충우돌 방황의 시기 없이 자신의 나아갈 바를 직시하고 매진하고 있는 그 성실함에 다시 한 번 놀란다.

커간다는 일은 신비한 일이다. 풋냄새 나는 과일이 햇살 몇 줌, 바람 몇 자락이 지나가는 동안 달착지근 익어 가는 일이다. 세찬 소나기에 아슬아슬 꼭지가 위협받고, 천둥 몇 번 치는 동안 공포의 순간이 잦아들며, 단단하게 여물어 가는 일이다. 흐린 날이 많아 아직 멀었다고 생각했는데 아들은 튼실하게 속을 채우며 여물고 있었다.

정보를 늦게 알아 트래블 월렛 카드 신청이 늦었다. 출발 전날 도착할지 못할지 촉박한 시간이다. 수시로 배송정보를 확인하며 기다리는 차에 카드 배달 기사가 과로로 쓰러져서 입원 중이라 미안하다는 문자 한 통이 왔다.

'뭐라고? 왜 하필⋯⋯.'

"아이고, 얼마나 힘들었으면 쓰러졌을까. 아유 어떡해."

아들의 말에 나는 막 튀어나오려던 말을 꿀꺽 삼키고 아들을 쳐다본다. 아들의 눈이 염주 알처럼 맑고 따뜻하다. 꼭 안아 주었다. 배달 기사의 건강보다 아들의 수수료 없는 카드가 먼저였던 나는 찌그러진 종지다. 아들의 그 넉넉하고 듬직한 사발의 품새를 걱정할 자격이 없어졌다. 큰 사발에 담겨지는 세상을 완상하며 기도만 보탤 일이다.

얼마 전 정약용이 써준 〈정효자전〉에서 심금에 닿아 있는 글이 떠오른다. 아들의 짐을 꾸리다 나는, 나를 위로하는 친구요, 깨우침을 준 스승을 만났다.

오래된 숲길에서

눈을 들면 시리도록 푸르른 하늘길이다. 발아래엔 형형색색 꽃담을 이룬 절정의 단풍 사이로 노릇한 흙길이다. 곧은 듯 휘어지고 평탄한 듯 가파르다. 과거급제 길에 오른 유생과 나그네의 발자국이 찍혀서 포개지고 겹쳐서 다져졌다. 긴 세월 씨줄과 날줄이 엮은 피륙으로 반반하게 펼쳐 있다.

3관문鳥嶺關을 지나 울울창창한 나무숲을 들어서니 세상에 존재하는 모든 색채가 다 모여 불타는 숲속의 향연이다. 저마다 가장 화려한 빛으로 마시막을 난장하고 나소곳이 떨어져 땅으로 돌아살 채비를 하고 있다. 인간의 생도 제각각 살아온 빛깔로 물들고, 스스로 돌아갈 때를 선택할 수 있다면 얼마나 의연한 목숨일까를 생각해 본다. 저마다 살면서 빚어진 빛깔이 최상이었다고 자부할 이도, 마지막 떠나기 좋은 날을 택일하여 낙엽 지듯 가볍게 가는 이도 흔히 볼 수 있는 것은 아니다. 득도한 선사의 얘기는 들어보았으나.

한강과 낙동강 유역을 잇는 영남대로의 가장 험한 고갯길이요, 도도한 역사의 물결이 골을 만들고 재를 휘감아 유서由緒의 향기 가득한 길이다. 길 위에 깃든 사연만큼이나 새재를 두고 풀이도 구구하다. 새들도 쉬어 넘는 고개라고 조령鳥嶺이요, 굽이굽이 새하얀 억새풀이 흐드러진 고갯길草岾이라고 새재다. 옛 고개 하늘재를 두고 다시 생겼으니 새新재요, 이화령과 하늘재 사이에 난 샛間길이라고 새재다.

앞서거니 뒤서거니 구경 나온 사람들 옷차림이 단풍과 경계가 없다. 다리가 시원찮아 느리게 걷는 이, 돌탑에서 오랫동안 기도만 하는 이, 나무마다 이름을 꿰고 불러주는 이, 흐르는 계곡 물만 하염없이 바라보는 이, 경관은 아랑곳없이 쫓기듯 달리기만 하는 이. 같은 길을 걸으며 생각도, 보폭도, 목적도, 눈길 머무는 곳도 각양각색이다. 붉은 물에 푹 담갔다 꽂아 놓은 듯 단풍나무 한 그루가 한 송이 꽃이다. 그 아래 서기만 해도 나도 담뿍 빨강물이 들 것 같다.

굴참나무, 소나무, 박달나무, 오동나무, 아름드리 고목 사이로 키 작은 잡목들이 떠받들 듯 우거져 초목의 향기와 낙엽 향내가 어우러진다. 새소리 물소리 배경 음악이 되고, 청량한 바람에 몸을 맡기고 가을 속을 걷는다. 다정한 계절에 다정한 흙길을 나무가 되어 걷다가 낙엽이 되어 날린다,

호남의 유생들도 죽령을 넘으면 죽죽 미끄러지고 추풍령을 넘으면

추풍낙엽처럼 낙방을 하니 아무리 높고 힘들어도 넘었다는 장원 급제 길을 지난다. 둥그런 돌무더기 위에 돌부처로 서 있는 책바위다. 몸이 허약한 젊은이가 집터의 돌담을 3년 동안 이곳에 옮기고 건강을 되찾아 장원급제를 했다는 전설이 층을 만들고 탑이 되어 우뚝 솟아 있다. 그 시절 조선 선비들의 알성급제의 간절한 기원이나, 오늘날 대학입시와 수능대박의 염원이나 갈급하기는 변함이 없다.

누구는 어사화 꽂고 비단옷에 풍물패 앞세운 장원급제 꽃길이요, 누구는 좌절과 절망으로 천 근 무거운 눈물길이지만, 또한 누구에게나 열려 있는 출발과 도전의 희망길이기도 하다.

2관문鳥谷關에 다가서니 문경새재 아리랑 비를 만난다. 우리나라 어느 고개인들 아리랑이 없으랴. 밀양아리랑, 진도아리랑, 강원도아리랑······. 오르막을 오르며 풀어 내던 굴곡진 애환의 넋두리요, 응어리의 하소연이 내리막을 내려오는 극기의 주문이요, 위안의 흥타령이었으리라.

숲이 깊어지니 향기도 깊어진다. 물은 산을 따라 흘러가고 나는 길을 따라 내려가고, 낙엽은 바람을 따라 나부끼고, 억사는 이야기가 되어 흘러간다. 그 길 위에 한번 굽어 뻗은 유려한 자태의 노송 한 그루 호위를 받으며 아담한 정자 한 채를 만난다. 신인감사가 관인官印을 인수인계하던 교귀정交龜亭이다. S자 곡선의 몸매로 길을 향해 가지를 늘어뜨린 늙은 소나무의 기품과 교귀정의 처마선, 그 아래 용추계곡의 시원한 물소리가 가슴을 씻어 준다. 바람 한 자락 지나가며 우수수 떨어지는 낙엽 소리가 멀리 신립 장군이 퇴각하는 말발굽 소리인 양 아련하다.

  1관문에 다다른다. 고개를 넘어야 당도할 수 있는 인생의 통과 의례, 비탈진 고개를 넘어야 유유자적한 오솔길이 있다. 어느 곳이 출발이며 어느 곳이 목적지일까. 어떤 이는 1관문을 출발하여 오르막을 택한 이도, 어떤 이는 3관문을 출발하여 완만한 내리막길을 걷는 이도 있다. 어떤 이는 전기자동차를 이용하여 순식간에 한 바퀴를 휙 돌아오는 이도 있다. 저마다 주어진 인생의 길에서 어느 쪽으로, 어느 보폭으로 걸어야 할지는 각자의 몫이다. 잘 포장된 지름길로 먼저 도착한 이가, 자갈길을 걸어 덤불을 헤치고 가까스로 도달한 이보다 성공한 인생이었노라 감히 말할 수 있으랴. 걸어보지 않고는 나의 길이 되지 않는다. 내가 선택하고 지금 내가 걷는 길이 나의 인생이요, 나의 길이다. 둘러서 걸어오는 길은 볼거리, 맛볼 거리, 듣고 느낄 것들이 지천이다. 빠르고 안전하게 먼저 도착할 것인가, 타박타박 둘러서 기웃기웃 넘겨다보며 좀 늦게 당도할 것인가.

  묻는 이도 가르쳐 주는 이도 없다. 주흘관主屹關을 빠져나오며 뒤돌아보니 잘 익은 오후 햇살이 내가 걸어온 길을 되짚어 올라가고 있다.

기운을 그리다

인왕제색도

   비 오는 날 경복궁을 찾았다.
   주룩주룩 오다가 소록소록 내리다가 자우룩이 연기처럼 피어오른다. 빗방울은 이따금 우산 속으로 손을 넣어 내 어깨를 툭툭 치기도 한다. 보슬보슬 내리는 가랑비에 젖으며 물안개 감아 도는 풍경 속으로 빠져든다. 빗속에 잠긴 고궁의 운치에 취해 문을 닫는다는 방송을 듣고도 아쉬움에 뒤돌아본다. 더 있고 싶다. 오늘의 욕심은 궐내의 관람이 아니다. 들어올 때와는 달리 인왕산 자락 허리를 휘감은 운무가 내 감성의 허리를 휘감는다. 경복궁 어느 곳에서 바라봐도 빗물에 씻긴 초여름 날씨는 온도도 운치도 나를 붙잡아두기에 충분조건이다. 가까운 듯 다가오다 까마득히 안개 속에 묻히는 인왕산의 자태가 파노라마로 펼쳐 있다. 호젓한 전경이 고즈넉하다. 잘박잘박 빗물 고인 잔디밭을 밟는 일은 비 오는 날 누리는 호사다. 윤기 자르르 흐르지만 발을 디디면 무뚝뚝한 박석의 촉감이 좋다.

나는 20대에 이 근처 효자동에서 2년 남짓 산 적이 있다. 그때는 인왕산을 그저 사는 동네 뒷산쯤으로 여겼을 뿐 감상의 대상으로 다가오지 않았다. 인왕산에 주름진 바위가 중종의 폐비 단경왕후가 걸쳐 놓은 다홍치마 주름이라는 '치마바위' 유래를 알고 있는 정도였다. 서울을 떠나 볼일이 있을 때나 방문하다 보니 인왕산을 대하는 마음이 버석하지만은 않는 터에 오늘 마주한 인왕산이 나를 덥석 끌어안는다.

근정전 앞에 서면 안개에 묻힌 인왕산이 근정전 오른쪽 어깨처럼 봉우리만 봉긋하다. 처마의 끝을 따라 잡상들의 시선과 그윽하게 마주보고 있다. 시시각각 구름 빛은 더하기도 지우기도 하면서, 안개를 결집시키기도 흩어놓기도 한다. 때로는 느긋하게 때로는 재빠르게. 경복궁 어느 곳에서 바라봐도 인왕산도 북악산도 같은 농도의 운무가 아니다. 발길 닿는 곳마다 올려다보는 각도를 따라 산도 돌고 구름도 돈다. 경회루에 올라 안개 바다 속에서 북악산, 인왕산, 남산이 떠오르다 묻히는 광경을 바라노라면 신선의 경지가 따로 없다. 주산인 북악산과 우백호 인왕산, 주작인 남산이 꽃받침으로 펼쳐지고, 한 송이 꽃이 피어나는 경복궁의 아름다움에 혼을 빼앗긴다.

일흔여섯의 겸재 정선이 270여 년 전 내가 살았던 효자동 어디쯤에서 그렸다는 〈인왕제색도仁王霽色圖〉 앞에 섰다. 그린 시기도 영조

27년 윤 5월 하순이라 하니 오늘처럼 어느 비오는 날 찾았던 경복궁에서 바라본 인왕산 전경이 물안개로 피어오른다.

　멀리 있어야 할 인왕산이 주인공답게 눈앞으로 훅 다가온다. 커다란 바위 봉우리들을 좌우로 거느리고 푸르다 못해 검은 산등성이가 화면 가득 압도한다. 진한 먹물을 꾹 찍어 힘차게 내리긋은 붓질에 어둡고 무거운 인왕산 능선이 장엄하게 꿈틀댄다. 하얗게 드러난 바위는 화강암으로 이룬 돌산의 이미지를 불끈 드러내고 있다. 검은 산과 흰 바위의 대비가 강렬하다. 아래로는 뭉게뭉게 피어나는 안개 속에 소나무가 우거지고 그 아래 고개 숙인 기와지붕이 보인다. 여백으로 드러난 하얀 안개의 위안이 풍경을 감싸 안아 아늑한 균형과 조화의 경지다. 인왕산은 멀리서 위로 쳐다보는 시선으로, 앞쪽에 지붕은 위에서 내려다보는 시선의 구도가 한 화면에 공존한다. 끌어들임과 끌어내림의 공간 구성이 극적이다. 계곡을 따라 쏟아지는 폭포의 물줄기가 장마 직후 흥건하게 흘러내리는 인왕산을 떠올리게 된다. '그림을 잘 그리는 이는 풍경을 그대로 묘사하고, 그림을 뛰어넘는 이는 풍경에 있으면 좋겠다는 그 무엇을 그려내는 이'라고 했던가. 물길이 날 만한 사리에 영락없이 폭포수가 천연스럽게 떨어지고 있다. 진하고 흐린 먹물만으로 멀고 가깝고, 높고 낮고, 울창하고 성근 곳이 제 자리 값을 다해 낸다. 붓끝의 누임과 세움만으로 계곡도, 폭포도 둥근 바위도 우뚝 살아난다. 춤추는 붓끝을 따라 가다 보면 늠름한 소나무도 만나고 낭창낭창한 능수버들도 태어난다.

〈인왕제색도〉에 등장한 집이 누구의 집이며 정선이 어떤 의도를 담고자 했고 속내가 무엇인지를 들여다보는 건 감상자의 자유이며 몫이리라. 시점을 뒤트는 창조적 실험정신만으로도 조선 회화의 정수精髓이며 문인화의 거목이다. 산수화가 이상향의 세계를 모방하던 시대에 주체적이고 독창적인 장르를 개척한 조선 후기 진경산수화 가운데 으뜸이며 국보 제216호의 가치가 화면 가득 차고 넘친다. 그럼에도 그보다 나를 사로잡은 힘은 화폭에 흐르는 기운氣運이다. 우리의 산하에 흐르고 있는 진경珍景에 기氣를 불어 넣어 숨을 쉬고 있다. 산이 품은 골기와 유연함이 살아서 꿈틀거린다. 거기에 비가 갠 직후의 청신한 기운, 미처 걷히지 못한 구름이 물안개와 만나며 흩어지는 기운, 그 상쾌한 꿈틀거림은 새 생명의 잉태다. 그 생명의 기운이야말로 조선 진경의 완결이다.

함초롬 뒤끝

내 차실과 옆집 사이에는 초록색 철조망 울타리가 있다. 휜히 뚫려 있어 말이 가림막이지 경계선에 불과하다. 어린 시절 운동장에 막대기로 영역표시를 하고 내 땅이라 우기던 금이나 별반 다를 게 없다. 울도 담도 없는 걸 좋아하는 나는 적당한 높이에 있으나 마나 한 철망이 싫지 않다. 게다가 연두색 풀빛이어서 시각적으로도 나쁘지 않다. 그저 있는 듯 없는 듯 무표정한 철망이 때가 되면 사파이어 목걸이로 화려한 변신을 한다. 봄이 오고 차실에서 간신히 목숨만 부지하던 화분들이 철망 울타리 곁으로 자리를 옮기면 이곳은 나만의 화단으로 변신한나. 나육이녀 풍란, 군사란, 앵초, 베고니아, 매발톱 꽃, 나노 샤프란, 선인장 등이 자리를 잡는다. 조븟한 자투리땅에는 채송화, 제비꽃, 팬지, 노루귀, 붓꽃, 자소엽, 박하, 맥문동이 때를 알고 절로 피고 진다. 천리향 등 키 큰 화분이 철망을 따라 나란히 늘어서면 제법 싱그러운 풍경이 된다. 들판과 산속을 늘 동경하는 나는 이렇게 화분으로나마 시내에서 살아가는 답답함을 달래고 있는 터다. 별 애정 없이, 별 기대 없이 잊을 만하면 물이나 주는 처지로 구석에 밀어둔 선인장이 느닷없이 장미보다 진한 핏빛으로 만개하는 보너스 같은 반가움도 맛본다. 이름처럼 샤프한 몸매를 가진 나도샤프란은 국수 가닥 같은 잎 사이로 꽃대를 세우고 별처럼 영롱한 흰 꽃송이로 떠올랐다 지고 나면 다시 떠오른다. 가히 치명적 향기를 지닌 치자 꽃 자태는 순수의 앙금 같다. 이른 아침 이슬에 다소곳이 젖어 있는 모든 생명은 경이롭다. 틈틈이 이들을 바라보는 일은 자못 기쁜 일이며 흐뭇한 일이다.

내게 있어 기쁨의 절정은 7, 8월이다. 나를 아침마다 반갑게 맞아 설레게 하는 사파이어 빛 나팔꽃이다. 나는 파란색 꽃에서 묘한 기쁨과 안정을 얻는다. 파란색 꽃을 바라보고 있으면 아스라이 동경하는 신선의 세계가 펼쳐진 듯하다. 맑은 영혼과 신성한 분위기의 경이로움으로 나를 초대한다. 그런 나를 알아주기라도 하듯이 이곳으로 차실을 옮긴 후 심지도 않은 파란색 나팔꽃이 여름이면 울타리를 장식한다. 몇 가지 차실로서 부적당한 불편을 위안 삼으며 몇 년째 견디고 있는 이유 중 하나이기도 하다. 표면화 되지 않는 나만 아는 속내다. 뇌는 파란색을 보면 기분을 좋게 하는 신경전달물질인 세로토닌을 분비하여 편안함을 주고 집중력을 촉진시킨다고 하니, 나만 느끼는 감정은 아닌 것 같다.

고대인들은 커다란 사파이어라는 하늘에 지구가 박혀있다고 믿었다고 한다. 그만큼 파란색은 신비의 색이며, 음양오행에서도 동東이요, 나무木이다. 9월의 탄생석이기도 한 사파이어는 신뢰의 서약으로 처녀성과 정숙함의 상징이다. 쪽빛 하늘도 깊은 바다도 점령할 길 없고, 사파이어 또한 소유하지 못한 나는 푸른빛의 신비를 나팔꽃에서 향유한다. 그림의 떡인 사파이어보다 지척에 두고 내 맘대로 눈 맞추는 나팔꽃의 푸른 향연이 누릴 수 있는 특권이요, 만끽할 수 있는 최선이다.

아침이면 시리도록 파란 파장으로 아침을 연주한다. 직진만이 진행은 아니라 돌아가도 얼마든지 꽃에 이를 수 있다고 말한다. 꽃에 닿은 후에 곡선의 여유를 찾지 말고 꽃까지 가는 길에 돌기도, 쉬기도, 뻗어가기도 하란다. 그렇게 도달한 곳에 깊고 푸른 호수를 파고 평화의 나팔을 분다.

고을 사또에게 수청을 거절하다 높은 곳에 가두어진 아내를 그리워하던 한 남자가 죽은 자리에 꽃으로 피었다는 슬픈 전설을 가진 꽃이다. 내 사람을 빼앗긴 남자의 한이 푸른 멍으로 핀다. 달랠 길 없는 그리움과 애달픔을 돌돌 말아 삭이며, 아내 있는 곳을 향해 오늘도 더듬어 오른다. 오르다 멈춰 서서 아내를 향해서는 활짝 웃어주는 꽃이다. 해가 뜨면 들킬세라 몸을 숨기고 내일 밤을 기도한다. 눈을 꼭 감은 채 조용히 스러진 꽃 진자리, 눈물이 고인다. 그 맑은 자태를 마주할 때마다 '함초롬하다'는 말은 나팔꽃을 위해 나온 말 같다고 나는 느낀다.

 만지면 상처가 될까 애잔한 꽃, 돌아보면 고개가 꺾일까 가련한 꽃, 낭창한 허리를 기대어 돌돌 말고 오르니 차라리 안심이 되는 꽃이다. 철망의 끝에서 더 이상 길이 잡히지 않는 넝쿨이 허공을 더듬는다. 길을 찾는 또 다른 넝쿨을 만나 서로를 기둥으로 삼는다. 곡선으로 껴안은 몸이 직선의 길을 만들어 꽃에 닿는다. 어둠을 먹은 꽃이 까맣고 단단한 사리를 낳는다. 소리 되지 않는 평화의 나팔 소리 비명처럼 맺혀 있다. 함초롬한 푸른 눈, 삽상한 푸른 종소리가 들린다.

 "아유, 아주 지긋지긋해. 지저분해 죽겠어. 이놈의 나팔꽃 때문에……."

 투덜대며 사정없이 나팔꽃 넝쿨을 쥐어뜯어 내팽개친다.

 "선생님, 내년에는 나오는 족족 싹을 뽑아버리세요. 해마다 아주 꼴도 보기 싫고 지저분하기만 하잖아요."

 넝쿨을 사정없이 할퀴는 불법점거 철거반 같은 옆집 여자의 손을 멀거니 바라본다. 철망은 멀뚱멀뚱 허기진 입을 떡 벌린 채 서 있다. 바닥에 내동댕이쳐진 나팔꽃 넝쿨이 돌돌 말려 나를 물끄러미 쳐다본다.

 나는 망연자실 긴 뒤끝을 예감한다.

나뭇가지에서 나는 소리

추성부도

    서산을 넘으려던 노을이 가는 길에 저수지에 들렀다. 저수지가 복숭아 빛으로 볼그족족 수줍어한다. 수면은 윤슬로 눈웃음친다. 내외하듯 홍조 번지던 저수지가 인연을 만났나 보다. 금세 무드등으로 조명을 바꾸더니 은밀하게 저물어 간다.

    바람 쏘이러 나왔다 저녁이나 먹고 갈 요량으로 저수지를 한 바퀴 돌아 근처 식당을 찾았다. 저수지가 내려다보이는 식당은 안으로 들어서자 동양화 액자와 족자가 방마다 걸려 있다. 도자기가 어울리는 자리엔 도자기가, 옹기가 있을 만한 자리엔 푸근한 옹기가 놓여 있다. 식당 주인의 예사롭지 않은 안목에 끌려 말을 걸었다. 손님이 우리뿐이어서 분위기는 자연스러웠다. 도자기하는 남편과 글씨 쓰는 친구라고 소개를 하자 기다렸다는 듯 귀한 걸 보여준다며 안으로 들어간다. 송나라 백자 화병, 왕희지 서책, 상당히 두꺼운 조선시대 화첩 등을 들고 나온다. 본인의 많은 소장품 중에 하나일 뿐임을 거듭 암시하면서. 물론 영인본이었지만 매우 정성스럽고 귀하게 작품을 보관하고 있었다. 윤두서, 강세황, 김홍도, 신윤복, 허난설헌, 신사임당 등 많은 그림 가운데 특히 풍속화로 이름난 김홍도의 작품이 가장 많았다. 그중에는 〈씨름〉, 〈춤추는 아이〉, 〈서당〉, 〈빨래터〉 등 익숙한 풍속화와 〈행려풍속도〉, 〈기로세련계도〉 등 잘 알지 못하는 병풍과 그림도 여러 장이었다. 언뜻 세한도를 연상케 하는 그림 한 장을 유독 보물이라고 힘주어 말한다. 갈필로 그린 메마른 가을 산과 낙엽 지는 분위기가 몹시 스산하고 쓸쓸한 분위기다. 왼쪽으로 눈 내리듯 촘촘한 글씨에 눈길이 가는데 주문한 음식이 나왔다. 화제 치고는 빼곡한 글씨가 궁금했지만 서둘러 그림을 접었다.

대구 박물관에 도착할 즈음 온종일 내리던 비가 시침 떼듯 뚝 그쳤다. 박물관을 둘러싸고 운무 자욱한 산들과 신선한 공기가 관람객을 맞는다. 이번 이건희 컬렉션 전시에서는 회화 위주 감상을 목적으로 왔다. 워낙 방대하고 진귀한 작품이 많아 국립중앙박물관에서는 도자기를 중심으로, 광주에서는 책가도와 차도구등을, 청주에서는 세계명작을 집중해보려 했지만 눈요기 정도로 돌아오기 바쁘다.

대구 박물관에서는 4월부터 정선의 〈인왕제색도〉, 조석진의 〈화조영모도〉, 김규진의 〈괴석도〉, 안중식의 〈화조영모도〉 작품이 전시되고, 지금은 '김홍도의 그림 특별전'이 교체 전시중이다.

김홍도 특별전 인사말에는 '한국 회화사에서 김홍도가 갖는 중요성은 그의 모든 작품에서 고도의 예술성과 독창성, 한국적 미감의 발

현에 있다. 자신의 개인 양식을 한시대의 양식으로까지 확산시킴으로써 동시대는 물론 오늘날의 화가들에게도 지대한 영향을 남겼다'고 쓰여 있다. 김홍도는 영조와 정조를 거쳐 조선을 대표하는 풍속화가다. 산수화, 풍속화뿐 아니라 고사 인물화 및 신선도, 화조화, 불화 등 모든 분야에서 독창적인 회화를 구사한 화가다. 다양한 분야와 소재를 망라하며, 모든 장르에서 완벽한 화풍을 보여준 유일무이한 화가로 한반도 전통 화단의 정수라고 평가받는다. 오늘은 특히 김홍도에 집중해 보자.

제1전시기획실의 가장 핵심 작품으로 생전 기증자가 가장 아꼈다는 그림 앞에 섰다. 2미터가 넘는 화폭에 담묵의 마른 필치로 능숙하면서도 무심한 질감이 서글프게 펼쳐 있다. 옅고 진한 먹을 바림하여 달빛이 어스름한 가을밤이다.

마르고 성근 풀이 빗질 않은 머리칼처럼 푸석하다. 하늘에 떠 있는 달은 교교하고, 항아리를 본뜬 둥근 창으로 책을 읽던 선비와 눈이 마주친다. 내게 말을 걸어오나 했더니 아니다. 문 앞에 동자가 마당을 가리키며 무어라 대꾸하는 중이다. 바람이 건듯 부나 보다. 잎 떨군 나뭇가지가 바람의 뒤를 따르고 있다.

스산하고 삭막한 이 전경, 아! 언젠가 저수지 근처 식당에서 보았던 그 그림이다. 식당 주인의 말로 보물처럼 중한 정도로만 여겼던 그림은 보물1393호 〈김홍도필추성부도金弘道筆秋聲賦圖〉였다. 북송北宋의 문인 구양수가 지은 「추성부秋聲賦」를 김홍도가 옮겨 적고 그린 그림이다. 쓸쓸한 시정 속에 인생을 돌아보는 작가 자신의 심경이 낙엽처럼 처연하다. 그러나 자연의 섭리에 순응할 수밖에 없는 초탈과 깨달음이 고스란히 들어 있다. 독서를 하다 바람 부는 소리에 놀라 동자에게 물었다.

"무슨 소리인고?"

"별과 달은 밝고 맑으며 은하수는 하늘에 있는데 사방에 사람 소리 하나 없습니다. 이 소리는 나뭇가지에서 나는 소리입니다."

조락凋落의 계절 앞에서 느끼는 인생의 무상함이여! 자연은 의구하건만 돌이킬 수 없는 젊음이여! 〈추성부도〉는 머지않은 죽음을 마주하는 김홍도의 슬픈 심정을 드러내는 그의 자화상이자 그가 남긴 최후의 역작이다. 가난한 말년에 병든 몸으로 변화하는 계절의 순환 앞에서 엄습해 오는 인생의 가을을 그림으로 달랬으리라. 소리 없는 소리로 사무치게 파고드는 마음의 소리를 들었으리라.

한번 스치듯 만났던 인연이 겹치며 그림 곁을 쉽게 떠날 수 없다. 그때는 알아보지 못했던 내 짧은 안목을 희뿌연 달무리가 멀뚱히 내려다본다.

나뭇가지 끝에서 찬바람 소리 들리는 한 폭 경전이다.

그늘의 편애

2023년 11월 30일 초판 1쇄 발행

지은이　김용선
펴낸이　유정환
펴낸곳　도서출판 고두미
　　　　등록 2001년 5월 22일(제2001-000011호)
　　　　충북 청주시 상당구 꽃산서로8번길 90
　　　　Tel. 043-257-2224 / Fax. 070-7016-0823
　　　　E-mail. godumi@naver.com

ⓒ김용선, 2023
ISBN 979-11-91306-55-2　03810

※ 책값은 뒤표지에 표시하였습니다.
※ 잘못 된 책은 구입한 곳에서 바꾸어 드립니다.